"十二五"高等职业教育物流专业工学结合系列教材

配送管理实务

主　编　王丽娟
副主编　王金妍　谭丽梅　贲立欣

中国财富出版社

图书在版编目（CIP）数据

配送管理实务 / 王丽娟主编 . —北京：中国财富出版社，2014. 1
（“十二五”高等职业教育物流专业工学结合系列教材）
ISBN 978 - 7 - 5047 - 5050 - 1

Ⅰ. ①配…　Ⅱ. ①王…　Ⅲ. ①物流配送中心—企业管理—高等职业教育—教材　Ⅳ. ①F253

中国版本图书馆 CIP 数据核字（2013）第 279798 号

策划编辑	马　军	**责任印制**	何崇杭
责任编辑	敬　东　崔　旺	**责任校对**	饶莉莉

出版发行	中国财富出版社（原中国物资出版社）		
社　　址	北京市丰台区南四环西路 188 号 5 区 20 楼	**邮政编码**	100070
电　　话	010 - 52227568（发行部）		010 - 52227588 转 307（总编室）
	010 - 68589540（读者服务部）		010 - 52227588 转 305（质检部）
网　　址	http://www. cfpress. com. cn		
经　　销	新华书店		
印　　刷	北京京都六环印刷厂		
书　　号	ISBN 978 - 7 - 5047 - 5050 - 1/F · 2062		
开　　本	787mm × 1092mm　1/16	**版　　次**	2014 年 1 月第 1 版
印　　张	11	**印　　次**	2014 年 1 月第 1 次印刷
字　　数	275 千字	**定　　价**	25. 00 元

“十二五”高等职业教育物流专业工学结合系列教材编审委员会

（按姓氏笔画顺序排列）

序　言

为贯彻落实《国家中长期教育改革和发展规划纲要（2010—2020年）》，推行工学结合、校企合作、顶岗实习的职业教育人才培养模式，中国财富出版社物流山版分社特组织国家示范性高等职业院校教师以及职业教育专家共同开发了“十二五”高等职业教育物流专业工学结合系列教材。

近年来，高等职业教育在教学改革及课程建设方面取得了巨大成就，教材是教学课程的物化，所以教材建设需要同步跟进、创新。本系列教材的编写正是在物流专业课程体系全面、系统改革的基础上进行的，因此本系列教材具有如下特点：

（1）依据校企合作、工学结合的模式编写教材。本系列教材的编写以职业院校教师为主，以物流企业人员为辅，把课堂知识与岗位技能要求相融合，保证了课本知识符合物流企业所需人才的培养方案要求。

（2）内容和形式的创新。教材打破了原来学科体系的编写方法，以任务、实训案例为载体，以小贴士、小资料为课外补充，充分展示了本系列教材理论与实践的结合、知识与岗位技能对接的特点。不仅有助于学生掌握物流岗位“必需”知识，而且有助于学生直观地了解企业的物流活动。

（3）案例真实，实训性强。教材选取企业典型的案例，具有真实性、针对性，有助于学生真实体会物流企业岗位工作内容。教材中还设置了具体的工作任务及工作流程，并采用步骤式的方案引导学生分组进行实践操作，培养学生全局意识及工作过程中的协调能力。

（4）任务、案例循序渐进，易于学习。教材中任务、案例的安排遵循由简单到复杂、由单一到综合的递进关系，逻辑性强，符合高等职业院校学生认知特点和职业教育能力培养方案。此外，循序渐进式的安排也有助于增强学生的自信心，激发学生对物流专业学习的兴趣。

本系列教材是中国财富出版社物流出版分社及该系列教材编委会在职业教育方面努力创新、不断完善的成果，但仍有许多需要改进之处。伴随不断的实践和经验的总结，中国财富出版社物流出版分社会与职业教育专家、全国物流专业教师共同再接再厉，为全国高等职业院校物流专业的学子提供规范、适用的精品教材。

编委会

2013年8月

前 言

《配送管理实务》是国家示范院校建设中课程改革的重点建设项目课程之一，是依据相关专家审定的课程标准加以编写的。本编写组针对第三方物流和企业物流，按照行为导向教学的需要精心总结提炼，编写了适合当前高职物流管理专业学生需要的“教、学、做”一体化教材。

本教材主要以配送作业的工作内容和配送管理各岗位设置为载体进行设置，即备货作业、理货作业、送货作业、配送总体规划四个项目，通过四个项目的学习，学生将来可以分别从事备货员、理货员、送货员和配送主管等具体工作岗位。每个项目内容选取的基本依据是根据行业专家对配送管理所涵盖的岗位群的任务和职业能力要求，彻底打破学科课程的设计思路，紧紧围绕工作任务完成的需要来选择和组织课程内容，突出工作任务与知识的联系，将岗位所涉及的能力要求和知识融入到各个项目中，让学生在职业实践活动的基础上掌握知识，使学生掌握独立制订计划、独立实施计划和独立评估计划的工作能力。

本教材具有以下特色：(1) 业务流程导向。本教材本着有利于学生发展的原则，优化课程内容、强化服务功能、满足发展需要，基于配送管理业务流程步骤编写内容，通过对本教材的学习，学生可以清楚地认识到企业配送岗位上的操作步骤和规程，从而想学、能学、乐学、会学。(2) 任务引领。根据学生的接受能力，以工作任务为主线，把教学内容结合贯穿在教师精心设计的工作任务中。以若干个实际工作任务为载体，引导学生通过任务的完成，掌握配送管理常用的操作方法和技巧，培养学生进行信息收集、判断、筛选、整理、处理、传输和表达的能力。所有项目的设计都力求涵盖教学目标的各个知识点，构建完整的教学内容布局。(3) 校企合作。在充分了解用人单位对各岗位所需要的管理和操作能力要求的基础上，聘请相关一线专业人士参与教材内容的制定和编写，避免闭门造车，保证教学项目的设计贴近社会、贴近生活、贴近学生，围绕职业能力的形成和工作任务完成的需要来设计，强调知识服务项目，不求理论的系统性，只求内容的实用性、针对性和先进性。(4) 递进式编排。各个情境的选取除体现配送管理的业务流程外，同时也进行了配送任务由简单到复杂的设计。例如：项目三是基层配送管理岗位的工作内容，作业内容相对比较简单和单一，项目四则是配送的综合业务管理作业，对应的是较高层次即配送主管的工作内容。这为其将来的职位晋升打下良好的职业实践基础。(5) 够用原则。根据企业用人的需求和配送管理各工作岗位的具体内容，将课程进行重新整合，对原有的配送中心运营与管理、物流设备与设施、商品学等课程的知识进行分解与重新整合后形成了配送管理教材，对这些原有课程知识的选择和取舍上较充分地配合了企业的实际工作过程。(6) 直观性。本书配备了大量的图表，包括流程图、实物图和工作样表，使学生在学习过程中，不仅对书中所描述的作业流程、作业步骤有直观的认识与了解，而且还起到了增进学生的学习兴趣、拓宽视野的作用，同时也便于教师课堂教学，节约了大量的课前准备时间。

本教材由黑龙江农业工程职业学院王丽娟担任主编，王金妍、谭丽梅和贲立欣任副主编。各项目的主要编写人员是：王丽娟（项目一）；黑龙江职业学院王金妍（项目二）；沈阳工程学院贲立欣（项目三）；黑龙江旅游职业技术学院谭丽梅（项目四）。参编的还有黑龙江农业工程职业学院田英伟、张洪杰和王宏志老师。在此谨向以上同志和单位表示衷心感谢。

由于编写时间仓促和作者水平有限，书中错误在所难免，恳请读者批评指正。

编　者

2013 年 10 月

目　　录

项目一 备货

知识目标

1. 了解订单处理、进货、储存的含义和目的。
2. 了解接受订货具体流程。
3. 了解如何制订进货作业计划。
4. 了解备货作业具体运作岗位操作流程。
5. 了解配送货品储位的安排及进行盘点的方法。
6. 掌握订单管理的流程。
7. 掌握进货作业的流程。
8. 掌握货物储存作业的流程。

能力目标

1. 熟悉订单处理、进货、储存作业所需的岗位、人员、记录以及信息单证和实务的流转过程。
2. 会填制订单处理、进货、储存所需的单证。
3. 能够处理分配后存货不足。
4. 能够建立配送客户档案。
5. 会进行进货及储存操作。
6. 能够与客户进行正确的沟通和货物交接，确保配送中心进货有序、准确、准时，提高客户的满意度，确保突发问题的及时、顺利解决。

任务导入

哈尔滨市惠通物流有限公司配送中心接到客户世纪联华胜达店和世纪联华顾乡店的订单，配送中心各客户店面名称及具体位置和主要物流货品如表1－1、表1－2所示。

表1－1　　哈尔滨市各客户店面名称及具体位置

序号	店铺名称	店铺地址
1	世纪联华胜达店	哈尔滨市道里区地段街93号
2	世纪联华顾乡店	哈尔滨市道里顾乡大街98号

表 1-2 主要物流货品

品类	货品名称	客户简称	SKU 包装单位	包装单位和包装明细	安全库存（箱）	现有库存情况（箱）
袋装食品类	康师傅红烧牛肉面	联华	袋	20 袋/箱	50	150
	康师傅西红柿牛腩面	联华	袋	20 袋/箱	50	80
	奥利奥巧克力味饼干	联华	袋	12 袋/箱	30	60
	可比克薯片	联华	袋	12 袋/箱	20	50
	完达山鲜奶	联华	盒	12 盒/箱	100	110

1）2013 年 11 月 4 日上午 10：00 接到世纪联华胜达店订单，要求 11 月 5 日上午 9：30 之前为其配送 10 箱康师傅西红柿牛腩面和 10 箱奥利奥巧克力味饼干。

2）2013 年 11 月 4 日 11：00 接到世纪联华顾乡店订单，要求 11 月 6 日为其配送 10 袋康师傅西红柿牛腩面和 10 袋奥利奥巧克力味饼干。

根据以上资料，配送中心人员需要组织备货。请思考：

1. 配送中心根据客户需求，如何组织订单处理工作？

2. 当世纪联华顾乡店需要 2013 年 11 月 9 日再为其配送完达山鲜奶 20 箱时，配送中心应如何组织进货工作？

3. 配送中心根据客户需求，如何组织储存工作？

任务一　订单处理

任务描述

接单员要对哈尔滨惠通物流有限公司的物品配送进行详细准备，根据订单种类进行分类，找出适合的处理方式，进行订单的输入及拣配，并能正确处理异常情况从而做好订单处理工作，如果你是配送接单员，你该如何做好订单处理工作？

知识准备

配送作业的一个核心业务流程是订单处理。订单处理是实现企业顾客服务目标最重要的影响因素。在服务客户的整个过程中，订单处理既是开端，也是服务质量得以保障的根本。在订单处理过程中，订单的分拣和集合是比较重要的环节。改善订单处理过程，缩短订单处理周期，提高订单满足率和供货的准确率，提供订单处理全程跟踪信息，可以大大提高顾客服务水平与顾客满意度，同时也能够降低库存水平，在提高顾客服务水平的同时降低物流总成本，使企业获得竞争优势。

从接到客户订单开始到准备着手拣货为止的作业阶段，称为订单处理。配送中心根据客户订单信息，对客户的分布、所订商品的品名、规格、特性、订货数量、送货频率、送货时间和地点等方面资料进行汇总分析，以此确定所要配送的货物种类、规格、数量和配送的时间、地点，最后由配送中心调度部门发出配送信息，如拣货单、出货单等。订单处理是调度、组织配送活动的前提和依据，是其他各项作业的基础。

订单处理的业务流程包括：接受订货、订单确认、设定订单号码、建立客户档案、存货查询及依订单分配存货、计算拣取的标准时间、依订单排定出货时间及拣货顺序、分配后存货不足的处理、订单资料的处理输出九个主要环节，如图 1－1 所示，企业可根据实际情况进行灵活的选择和处理。

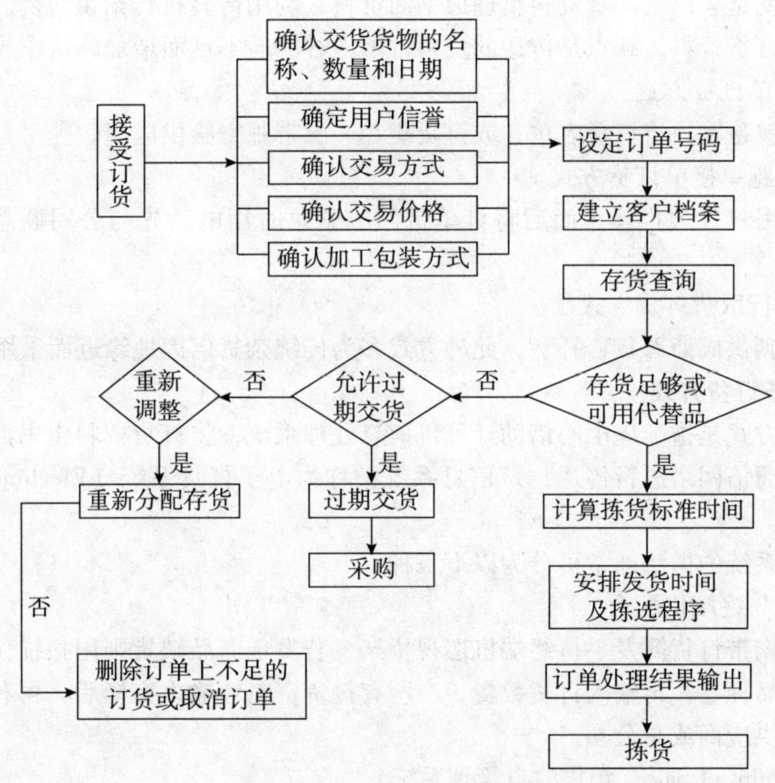

图 1－1　订单处理的步骤

步骤一　接受订货

接受订货的第一步是接受订单。随着流通环境的变化和现代科技的发展，接受客户订货的方式也渐渐由传统的人工下单、接单，演变为计算机间直接送收订货资料的电子订货方式。接受订货有传统订货和电子订货两种方式。

（一）传统订货方式

传统订货方式有以下几种具体方法：

1. 铺货订货方式

供应商直接将物品放在货车上，一家家去送货，缺多少补多少。这种方式常用于周转率快的物品，或新上市物品。

2. 供应商巡货、隔日送货订货方式

供应商巡货、隔日送货方法就是供应商派巡货人员前一天先到各客户处巡查需补充的货物，隔天再予以补货。这种方法的好处是可利用巡货人员为用户整理货架、贴标签或提供经营管理意见等机会促销新产品或将自己的产品放在最占优势的货架上。

3. 电话口头订货方式

订货人员将物品名称及数量，用电话口述的方式向生产企业订货。由于每天需向许多供应商要货，且需订货的品项可能很多，故花费时间长，误差率高。

4. 传真订货方式

传真订货就是客户将缺货资料整理成书面资料，利用传真机传给供应商。利用传真机可快速地传送订货资料，缺点是传送的资料常因内容品质不良而增加确认作业。

5. 邮寄订单订货方式

邮寄订单就是客户将订货表单，或订货磁片、磁带邮寄给供应商。

6. 业务员跑单接单订货方式

业务员到用户处去推销，而后将订单带回或紧急时用电话先与公司联系，通知用户订单。

7. 用户自行取货订货方式

用户自行到供应商看货、补货，此种方式多为传统杂货店因地缘近而采用。

（二）电子订货方式

电子订货方式是指配送中心借助计算机信息处理系统，将订货资料由书面资料转为电子资料，通过通信网络进行传送，该信息系统被称为电子订货系统（Electronic Order System，EOS）。

电子订货系统的做法通常可分为以下三种：

1. 订货簿与终端机配合

订货人员携带订货簿及手持终端机巡视货架，若发现商品缺货则用扫描仪扫描订货簿或货架上的商品标签，再输入订货数量，当所有订货资料皆输入完毕后，再利用数据机将订货资料传给供应商或总公司。

2. POS（Point of Sale，销售时点管理系统）

即在商品库存档里设定安全库存量，每当销售一笔商品资料时，电脑自动扣除该商品库存，当库存低于安全存量时，即自动产生订货资料，并将此订货资料确认后通过电信网络传给总公司或供应商。

3. 订货应用系统

客户资讯系统里若有订单处理系统，就可将应用系统产生的订货资料经转换软件转成与供应商约定的共通格式，再约定时间将资料传送出去。

电子订货方式不仅可大幅度提高客户服务水平，也能有效地缩减存货及相关成本费用。但其运作费用较为昂贵，因此在选择订货方式时应视具体情况而定。

知识链接

在订单处理过程中，应遵循下列基本原则：

1. 要使客户产生信赖感

客户订货的基础是产生信赖感。订单处理人员每次接到订单后在处理过程中都要认识到，如果这次处理不当将会影响下次订货。尤其在工业品购买中，要明确订单处理工作是开展客户经营的重要组成部分，两者有密不可分的联系，要通过订单处理建立客户对产品和服务的信任感和认同感。

2. 尽量缩短订货周期

订货周期是指从发出订单到收到货物所需的全部时间。订货周期的长短取决于订单传递的时间、订单处理的时间以及货物的运输时间，这三方面的安排都是订单处理的内容。缩短订货周期，将大大减少客户的时间成本，提高客户所获得的让渡价值，这是保证客户满意的重要条件。

3. 提供紧急订货

在目前以客户需求为导向的市场机制下，强调为客户服务，在紧要关头提供急需的服务，是与客户建立长远的相互依赖关系的极为重要的手段。

4. 减少缺货现象

保持客户连续订货的关键之一便是减少缺货现象的发生，工业原料和各种零件一旦缺货，会影响到客户的整个生产安排，后果极为严重。此外，缺货现象是客户转向其他供货来源的主要原因，企业要想尽量地扩大市场，保持充足的供货是一个必要的前提条件。

5. 不忽略小批量订货的客户

小客户的订货虽少，但也是大批买卖的前驱而且大客户也有要小批量的时候。对小客户的订单处理得当将会提高小客户的满意度，可能带来其以后的大批量订购或持续订购。最重要的是，客户与企业建立了稳定而信任的供销关系，将为以后的继续订购打下良好的基础，企业的声誉也将由大小客户的传播而树立起来。因此，要在成本目标允许的范围内，尽量做出令各批量客户满意的安排。

6. 装配力求完整

企业所提供的货物应尽量做到装配完整，以便于客户使用为原则。实在办不到时，也应采取便于客户自行装配的措施，如适当的说明及图示等，或通过网上进行技术支持。

7. 提供对客户有利的包装

针对不同客户的货物应采取不同的包装，有些零售货物包装要适于在货架上摆放，有些要适于经销商、厂商开展销售活动，总之应以便于客户处理为原则。

8. 要随时提供订单处理的情况

物流部门要使客户能够随时了解配货发运的进程，以便预计何时到货，便于安排使用或销售。这方面的信息是巩固与客户关系的重要手段，也利于企业本身的工作检查。在暂时缺货的情况下，物流部门应主动及时地告知客户有关情况，做出适当的道歉与赔偿，以减少客户的焦虑和不满。

一般来说，订单处理主要包括接收订货、订单确认、设定订单号码、建立客户档案、存货查询、计算拣货标准时间、按订单排定出货时序及拣货顺序和订单处理结果输出等内容。

步骤二　订单确认

接受订单后，需对其进行确认。其主要内容包括以下几点：

（一）确认货物数量及日期

接受订单后就需对货物数量及日期进行确认。货物数量及日期的确认是对订货资料项目的基本检查，即检查品名、数量、送货日期等是否有遗漏、笔误或不符合公司要求的情形，尤其当送货时间有问题或出货时间已延迟时，更需与客户再次确认订单内容或更正运送时间。

（二）确认客户信用

不论是何种订单，接受订单后都要查核客户的财务状况，以确定其是否有能力支付该订单的账款。通常的做法是检查客户的应收账款是否已超过其信用额度。具体可采取以下两种途径来核查客户信用的状况。

1. 输入客户代号或客户名称

当输入客户代号名称资料后，系统即加以检核客户的信用状况，若客户应收账款已超过其信用额度，系统加以警示，以便输入人员决定是继续输入其订货资料还是拒绝其订单。

2. 输入订购项目资料

当输入客户订购项目资料后，客户此次的订购金额加上以前累计的应收账款超过信用额度，系统应将此订单资料锁定，以便主管审核。审核通过后，此订单资料才能进入下一个处理步骤。

（三）确认订单形态

在接受订货业务上，表现为具有多种订单的交易形态，所以物流中心应对不同的订单形态采取不同的交易及处理方式。

1. 一般交易

交易形态：一般的交易订单就是接单后按正常的作业程序拣货、出货、发送、收款的订单。

处理方式：接到一般交易订单后，将资料输入订单处理系统，按正常的订单处理程序处理。资料处理完后进行拣货、出货、发送、收款等作业。

2. 现销式交易

交易形态：现销式交易订单就是与客户现场交易，现场付货的交易订单。如业务员到客户处巡货、补货所得的交易订单或客户直接到配送中心取货的交易订单。

处理方式：这种订单在输入资料前就已把货物交给了客户，故订单资料不再参与拣货、出货、发送等作业，只需记录交易资料即可。

3. 间接交易

交易形态：间接交易订单就是客户向配送中心订货，直接由供应商配送给客户的交易订单。

处理方式：接到间接交易订单后，可将客户的出货资料传给供应商由其代配。需注意

的是，客户的送货单是自行制作或委托供应商制作的，应对出货资料加以核对确认。

4. 合约式交易

交易形态：合约式交易订单就是与客户签订配送契约的交易订单。

处理方式：对待合约式交易订单，应在约定的送货期间，将配送资料输入系统处理以便出货配送；或一开始便输入合约内容的订货资料并设定各批次送货时间，以便在约定日期系统自动产生所需的订单资料。

5. 寄库式交易

交易形态：寄库式交易订单是客户因促销、降价等市场因素先行订购一定数量的商品，然后视需要再要求出货的交易订单。

处理方式：处理寄库式交易订单时，系统应检核客户是否确实有此项寄库商品。若有，则出此项商品；否则，应加以拒绝。采用这种方式，需注意交易价格应依据客户当初订货时的单价计算，而不是依现价计算。

（四）确认订货价格

不同的客户、不同的订购量，可能有不同的价格，输入价格时系统应加以检核。若输入的价格不符（输入错误或因业务降价等），系统应加以锁定，以便主管审核。

（五）确认加工包装

客户对于订购的商品，应确定是否有特殊的包装、分装或贴标等要求，或是有关赠品的包装等资料都要详细确认记录。

知识链接

订单优先配送的原则如下：

1. 具有优先权者。例如战略伙伴、供应链的核心企业等的订单优先处理。
2. 依用户等级来取舍，将用户重要性程度高的作订单优先处理。
3. 依订单交易量或交易金额来取舍，将对公司贡献度大的作订单优先处理。
4. 依用户信用状况将信用较好的用户作订单优先处理。

步骤三 设定订单号码

每一订单都要有其单独的订单号码，号码由控制单位或成本单位指定，除了便于计算成本外，可用于制造、配送等一切有关工作，且所有工作说明单及进度报告应附此号码。

步骤四 建立客户档案

将客户状况详细记录，不但有益于此次交易的顺利进行，而且有益于以后合作机会的增加。

知识链接

客户档案应包括如下内容：

1. 客户名称、代号、等级形态等。

2. 客户信用度。

3. 客户销售付款及折扣率的条件。

4. 开发或负责此客户的业务员资料。

5. 客户配送区域。

6. 客户收账地址。

7. 客户点配送路径顺序。

8. 客户点适合的送货车辆形态。

9. 客户点卸货特性。

10. 客户配送要求。

11. 延迟订单（过了订货时间的订单）的处理方式（或办法）。

订货单样例如表 1－3 所示。

表 1－3 **订 货 单**

年 月 日

客户：________ No.：________

地址：________

电话：________ 请购单 No.：________

项 次	材料编号	品名规格	单 位	数 量	单 价	合 计
交货日期						
交货地点						
注意事项			交易条款			

注：本单一式两联 核准： 审核： 经办：

步骤五 存货查询及依订单分配存货

（一）存货查询

存货查询的目的在于确认库存是否能满足客户需求。存货资料一般包括品项名称、库存单元号码、产品描述、库存量、已分配存货、有效存货及期望进货时间。

因而在输入客户订货商品的名称、代号时，系统应查核存货档的相关资料，看此商品是否缺货，若缺货则应能提供商品资料或是此缺货商品的已采购未入库信息，便于接单人员与客户协调是否改订替代品或是允许延后出货等权宜办法，以提高人员的接单率及接单处理效率。

（二）存货分配

订单资料输入系统，确认无误后，最主要的处理作业在于如何将大量的订货资料，作最有效的汇总分类、调拨库存，以便后续物流作业的顺利进行。存货的分配模式可分为单一订单分配及批次分配两种。

1. 单一订单分配

单一订单分配是在输入订单资料时，就将存货分配给该订单。

2. 批次分配

批次分配是累积汇总数笔订单资料输入后，再一次分配库存的分配方式。配送中心因订单数量多、客户类型等级多，且多为每天固定配送次数，因此通常采用批次分配以确保配送中心库存能力的最佳分配方式。采取批次分配时，需要注意订单分批原则，即批次的划分方法。根据作业的不同，各配送中心的分配原则也可能不同，总的来说，常有以下几种划分方法：

（1）按接单时序。这种方法将整个接单时段划分为几个合理区段。若一天有多个配送批次，可配合配送批次将订单按接单先后顺序分为几个批次来处理。

（2）按配送区域/路径。即将同一配送区域/路径的订单汇总后一起处理的方法。

（3）按流通加工需求。即将需要加工处理或需要相同流程加工处理的订单一起处理的方法。

（4）按车辆需求。若配送商品需要特殊的配送车辆（如低温车、冷冻车、冷藏车）或由于客户所在地及下货特性等需要特殊形态车辆，可汇总合并一起处理。

步骤六　计算拣取的标准时间

订单处理人员要事先掌握每一个订单或每批订单可能花费的拣取时间，既要计算订单拣取的标准时间，又要有计划地安排出货时程。通常步骤如下：

（1）先计算每一单元（一件、一箱）的拣取标准时间，且将它设定于电脑记录标准时间档，将各单元的拣取时间记录下来，推导出整个标准时间。

（2）有了单元的拣取标准时间后，即可根据每品项订购数量，再配合每品项的寻找时间，来计算出每品项拣取的标准时间。

（3）根据每一订单或每批订单的订货品项，加上一些纸上作业的时间，算出整张或整批订单的拣取标准时间。

知识链接

为了更便捷地为您服务，我们提示您订单周期计算标准：

（1）当日订单：当天17点前有效订单（经用户确认、系统审核且符合相关付款方式及配送方式要求的）。

（2）次日订单：当天17点后有效订单（经用户确认、系统审核且符合相关付款方式及配送方式要求的）。

（3）温馨提示：如您对订单修改，我们会以您最近一次修改的时间为有效订单起点，计算订单归属日。

步骤七　依订单排定出货时间及拣货顺序

前面已由存货状况进行了存货的分配，但对于这些已分配存货的订单，应如何安排出货时间及拣货先后顺序，通常会再依客户需求、拣取标准时间及内部工作负荷来拟定。

知识链接

在确定供货优先等级时，以下规则可作为处理订单时的参考：

1. 按接收订单的时间先后处理。
2. 处理时间最短的先处理。
3. 批量最小的、最简单的订单先处理。
4. 按预先设定的用户优先等级处理。
5. 按向用户承诺的到货日期先后进行处理。
6. 离承诺到货日期时间最近的先处理。

步骤八　分配后存货不足的处理

对于现有存货数量无法满足客户需求，客户又不愿意以替代品替代的情况下，应按照客户意愿与公司政策来决定对应方式。其处理方式大致有如下两类：

（一）依客户意愿

1. 客户不允许过期交货，则取消订单上不足额的订货，甚至取消订单。
2. 客户允许不足额的订货，等待有货时再予以补送。
3. 客户允许不足额的订货，等待下一次订单一齐配送。
4. 客户希望所有订货一齐配送。

（二）依公司政策

配合上述客户意愿与公司政策，对于缺货订单的处理方式有如下几种：

1. 重新调拨

对于客户不允许过期交货，而公司也不愿失去此客户订单时，则有必要重新调拨分配订单。

2. 补送

对于以下两种情况，应采取补送的方法。一是客户允许不足额的订货等待有货时再予以补送，且公司政策也允许；二是客户允许不足额的订货或整张订单留待下一次订单一起配送。

3. 删除不足额订单

对于以下两种情况，应采取删除不足额订单的方法。一是客户允许不足额订单可等待

有货时再予以补送，但公司政策并不希望分批出货；二是客户不允许过期交货，且公司也无法重新调拨。

4. 延迟交货

延迟交货有两种方式：一是有时限延迟交货，即客户允许一段时间的过期交货，且希望所有订单一起配送；二是无时限延迟交货，即不论需要等多久，客户都允许过期交货，且希望所有订货一起送达，则等待所有订货到达再出货。

5. 取消订单

对于客户希望所有订单一起配送到达，且不允许过期交货，而公司也无法重新调拨时，则只有将整张订单取消。

步骤九　订单资料的处理输出

订单资料经过上述处理后，即可开始打印一些出货单据，以展开后续的物流作业。

1. 拣货单（出库单）

拣货单据用于指示商品出库，以作为拣货的依据。拣货资料的形式应配合配送中心的拣货策略及拣货作业方式来设计，以提供详细且有效率的拣货信息，便于拣货的进行。拣货单的打印应考虑商品储位，依据储位前后相关顺序打印，以减少拣货人员重复往返取货，同时拣货数量、单位均须详细、准确表明，出货单如表 1－4、表 1－5 所示。

表 1－4　　　　**出货单（一）**

买方公司：　　　　　　　　　　No.：

地址：　　　　　　　　　　出货日期：

货品名称	货品号码	规格	数量	单位	单价	总价	备注

仓库：　　　　审核：　　　　填表：

表 1－5　　　　**出货单（二）**

<table>
<tr><td>客户代号</td><td colspan="2"></td><td colspan="2">出货单位名称</td><td></td><td>联系人</td><td></td></tr>
<tr><td>卸货地点</td><td colspan="5"></td><td>联系电话</td><td></td></tr>
<tr><td>承运单位</td><td colspan="3"></td><td>运输方式</td><td></td><td>出货类别</td><td></td></tr>
<tr><td>序号</td><td>品名</td><td>单位</td><td>数量</td><td>金额</td><td>实装数量</td><td>客户实收数量</td><td>备注</td></tr>
<tr><td></td><td></td><td></td><td></td><td></td><td></td><td></td><td></td></tr>
<tr><td colspan="3">合计</td><td></td><td></td><td></td><td></td><td></td></tr>
</table>

2. 送货单

物品交货配送时，通常附上送货单据给客户清点签收。因为送货单（如表1－6所示）主要是给客户签收、确认的出货资料，其正确性及明确性很重要。要确保送货单上的资料与实际送货相符，除了出货前的清点外，对于出货单据的打印时间以及一些订单异动情形如缺货品项或缺货数量等也须打印注明。

表1－6 送货单

××公司

地址： 电话： 传真：

送货单

客户名： No.：

客户订单号： 送货日期：

编号	货品名称	货品规格	单位	数量	单价	金额	备注	一式四联①存根（白）②客户（红）③回单（绿）④仓库（蓝）⑤财务（黄）
1								
2								
3								
4								
5								
6								
7								
8								

客户签收（加盖公章）： 送货人： 业务：

3. 缺货资料

库存分配后，对于缺货的商品或缺货的订单资料，系统应提供查询或报表打印功能，以便工作人员处理。

（1）库存缺货商品，应提供依商品类别或供应商查询的缺货商品资料，以提醒采购人

员紧急采购（采购单如表 1 - 7 所示）。

（2）缺货订单，应提供依客户或业务员查询的缺货订单资料（缺货单如表 1 - 8 所示），以便人员处理。

表 1 - 7　　采购单

________公司采购单

<table>
<tr><td colspan="3">采购代码：</td><td colspan="2">采购员：</td><td colspan="2">交货日期：</td></tr>
<tr><td colspan="3">采购日期：</td><td colspan="2">是否含税：</td><td colspan="2">运输方式：</td></tr>
<tr><td colspan="7">厂商全名：</td></tr>
<tr><td colspan="7">厂商地址：</td></tr>
<tr><td colspan="3">联络人：</td><td colspan="2">电话：</td><td colspan="2">传真：</td></tr>
<tr><td colspan="7">送货地址：</td></tr>
<tr><td>序号</td><td>名称</td><td>规格</td><td>数量</td><td>单价</td><td>金额</td><td>备注</td></tr>
<tr><td></td><td></td><td></td><td></td><td></td><td></td><td></td></tr>
<tr><td></td><td></td><td></td><td></td><td></td><td></td><td></td></tr>
<tr><td></td><td></td><td></td><td></td><td></td><td></td><td></td></tr>
<tr><td></td><td></td><td></td><td></td><td></td><td></td><td></td></tr>
<tr><td></td><td></td><td></td><td></td><td></td><td></td><td></td></tr>
<tr><td></td><td></td><td></td><td></td><td></td><td></td><td></td></tr>
<tr><td colspan="3">电话：</td><td colspan="4">传真：</td></tr>
<tr><td colspan="3">甲方：
采购：</td><td colspan="4">乙方：
经办人：</td></tr>
</table>

表 1 - 8　　商品缺货单

编号：　　　　　　　　　　年　月　日

商品号码	品　　名	规格尺寸	数　　量	进货日期	摘　　要

任务实施

一、实施工具

A4 白纸、铅笔、记号笔、剪刀、打印机等。

二、实施方法

1. 采用项目教学法

将全班学生分成几组，每组 5 ~6 人，学生按照资讯——计划——实施——检查评估来完成项目，在老师指导下制订方案、实施方案、最终评估；

2. 模拟实训教学法

利用本校物流实训室来完成。

三、实施步骤

步骤一：接受订货

步骤二：订单确认，主要确认订单中的需求商品、需求数量、价格、要求送货时间等。如发现问题，需向客户核实、修改订单

步骤三：设定订单号码

步骤四：建立客户档案，不但能有益于此次交易的顺利进行，而且可有益于以后合作机会的增加

步骤五：存货查询及依订单分配存货，如现有存货数量能够满足客户需求，则填写拣货单；如现有存货数量无法满足客户需求，则填写订购单，进行补货

步骤六：计算拣取的标准时间

步骤七：依订单排定出货时间及拣货顺序

步骤八：分配后存货不足的处理

步骤九：订单资料的处理输出，负责填好出库单及送货单

综合评价订单准备工作，学生每小组提出修改方案，汇报展示，评估组（可由教师及学生小组组长组成）进行评价。

任务二 进货作业

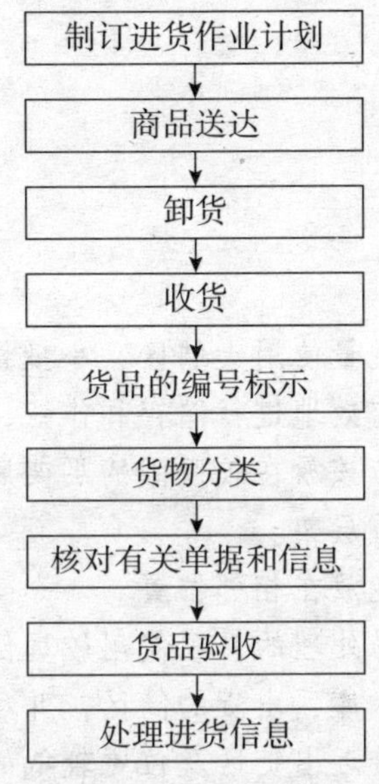

图1－2 进货作业步骤

任务描述

在库存商品查询中，如现有存货数量无法满足客户需求，作为配送中心的管理人员进货员就要组织进货，哈尔滨惠通物流有限公司拥有仓库2间，1号库是常温货架型仓库，2号库是地面存储型的冷库。1号仓库内现有存储货架类型为托盘货架和驶入式货架，其中托盘货架共有三排，每排二层，每层共有平均体积为$2m^3$的货位10个；驶入式货架共有六排，每排二层，每层共有20个货位。2号库共有30个平堆区货位。

如果你作为哈尔滨惠通物流有限公司进货管理员，当某种货物库存无法满足客户需求时，该如何组织进货？

知识准备

步骤一 制订进货作业计划

配送中心进货前要根据仓储保管合同和供货合同编制进货作业计划，以确定入库货物的种类、数量和入库时间，包括进货货物的品名、规格、数量、入库日期、所需仓容、储存保管条件等，具体内容包括以下几个方面。

(一) 储位准备

储位准备是根据预计到货的货品品种、特性、体积、质量、数量到货时间等信息，结合货物分类分区保管原则和储位管理的要求，预计储位，预先确定商品的理货场所和储存位置。

选择储区位置的建议：

1. 依照货品特性来确定储位。
2. 按批量大小使用储区，大批量使用大储区，小批量使用小储区。
3. 确保对高储区商品能安全有效地进行储存和作业，并应该放在较坚固的层架。
4. 储存笨重、体积大的品项应该放在较坚固的层架底层，并接近出货区。
5. 储存轻量货品放在有限载重层架。
6. 将相同或相似的货品尽可能放在相邻位置。
7. 滞销之货品或小、轻及容易处理的品项使用较远储区。
8. 周转率低的物品尽量远离入库、出货的储区，并尽量放在位置较高的地方。
9. 周转率高的物品尽量放在接近出货区及位置较低的区域。
10. 服务设施应选在低层楼区。

(二) 设备准备

设备准备是根据到货货物的理化性能及包装、单位重量、单位体积、到货数量等信息，确定检验、计量、卸货与搬运方法，准备好相应的检验设备、卸货及搬运工具，并安排好卸货站台空间。

1. 检验设备准备

这种设备是商品入库验收与在库养护、测试、化验，以及防止商品发生质变、失效的一系列机具、仪器、仪表等技术装备。主要有测湿仪、红外线装置、空气调节器以及测试、化验使用的部分仪器和工具。此类设备在大型及特种仓库中使用较多，小型通用仓库较少。这里主要介绍条码自动识别设备。

为了更快速地、更便利地在配送中心进行出入库管理，有的配送中心也引入了条码自动识别系统。条码自动识别设备包括：条码识读设备、条码数据采集器、条码打印设备及条码检测设备。

(1) 条码识读设备

条码识读设备是用来读取条码信息的设备。它使用一个光学装置将条码的条空信息转换成电平信息，再由专用译码器翻译成相应的数据信息。条码识读设备一般不需要驱动程序，可直接使用。条码扫描设备从原理上可分为光笔、CCD和激光三类，从形式上有手持式和固定式两种。光笔采取手动扫描的方式，扫描器内部设有扫描光速驱动装置，发射的照明光束的位置相对于扫描器是固定的，完成扫描的过程需要人工手持扫描条码符号，因此属于固定光束式扫描器。CCD扫描器是一种图像式扫描器（如图1－3所示），它采用CCD（Charge Coupled Device）原件（也叫CCD图像感应器）作为光电转换装置。它在扫描条码符号时，其内部不需要任何驱动机构，便可实现对条码符号的自动扫描。激光扫描器也称激光扫描器（如图1－4所示），也是一种广泛使用的远距离条码阅读设备，安装在配送中心的出入库口，作为出入库数据识别读取的系统与后台管理信息系统相连接。

（2）条码数据采集器

条码数据采集器也称数据终端，它是将手持式扫描器和掌上电脑的功能组合为一体的设备单元。与扫描器相比，数据采集器多了自动处理、自动传输的功能。条码扫描器扫描条码后，经过通信接口直接传送给PC机，而数据采集器扫描条码后，先将数据存储起来，根据实际的需要，采集的数据可以实时传送，也可以批处理传送。根据数据传输的方式，数据采集器可分为便携式数据采集器（如图1－5所示）和无线数据采集器（如图1－6所示）。

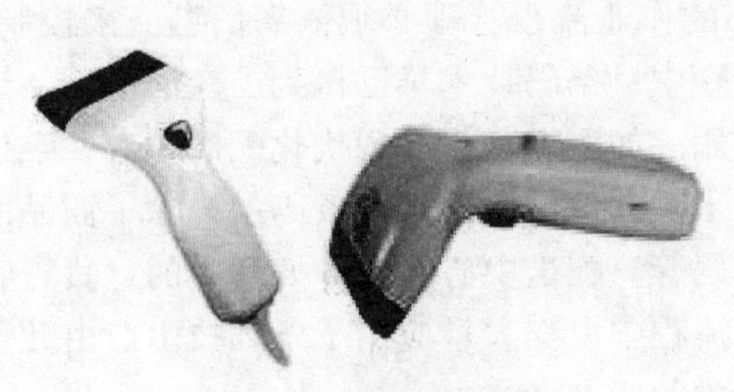

图1－3 CCD扫描器

图1－4 全向激光扫描器

图1－5 便携式数据采集器

图1－6 无线数据采集器

（3）条码打印设备

当配送中心收到从供应商处发来的商品时，接货员就会在商品包装箱上贴一个条码，作为该种商品对应仓库内相应货架的记录。在应用条码技术的配送中心需要条码打印机。条码打印机分为两类，一是通用打印机，二是专用条码打印机。通用打印机打印条码标签时一般需要专用软件，通过生成条码的图形进行打印。专用打印机（如图1－7所示）是专门为打印条码标签而设计的，是配送中心印制条码的重要设备，优点是打印质量好、打印速度快、打印方式灵活、实时性强。

（4）条码检测设备

条码符号本身必须符合一定的质量。为了检测条码质量，需要专门条码检测的设备。专门条码检测设备一般有便携式条码检测仪（如图 1－8 所示）和固定式检测仪两种。

图 1－7　专用条码打印机

图 1－8　便携式条码检测仪

配送中心的条码系统需要上述的条码识别设备、条码采集器、条码打印机及条码检测设备等。在信息技术广泛应用的今天，配送中心的作业流程管理必须依靠信息流来控制。在美、日、欧盟等发达国家和地区的配送中心管理中，条码技术早已得到了广泛应用。近年来条码技术也日益被我国配送中心所重视和应用。如上海联华的现代化配送中心、宝供的物流中心等都采用了一些国际上最新的条码技术。在他们所用到的条码中，除了商品的条码外，还有货位条码、装卸台条码、运输车条码等。配送中心在业务处理中的订货、收货、入库、理货、在库管理、配货、补货等作业流程中也都大量应用了条码技术。由此可见，条码应用几乎出现在整个配送中心作业流程中的所有环节中。

2. 计量设备准备

计量设备是利用机械原理或者电测原理对物品的重量、长度、数量、容积等量值进行度量的器材、仪器的总称。比如利用弹簧受力变形原理制成的秤可以称量出货物的重量。由于配送中心需要在仓库中使用的计量装置很多，比如入库作业需要获得货物重量、数量等参数，因此计量设备在配送中心仓储部作业中应用非常广泛。

根据计量物理量的不同，计量设备可以分为：重量计量设备，包括各种磅秤、地中衡、轨道衡、电子秤；流体容积计量设备，包括液面液位计、流量计；长度计量设备，包括检尺器、长度计量仪；个数计量设备，包括自动计数器、自动计数显示装置。

在仓库内接受、分发等作业中，最广泛使用的是重量计量设备。重量计量设备是统计货物进出量、仓储量的基础，也是计算仓库耗损量、作业能力与作业效率的基础。重量计量设备按结构原理，可分为：

（1）机械杠杆秤

机械杠杆秤，是利用杠杆原理而进行称重的一种秤，如图 1－9、图 1－10 所示。这种秤的优点是结构简单，维修方便，准确度高，性能稳定，安全可靠，经济耐用，操作技术要求不高。其缺点是体积大，效率低，不适宜于自动化生产线上的连续称重。

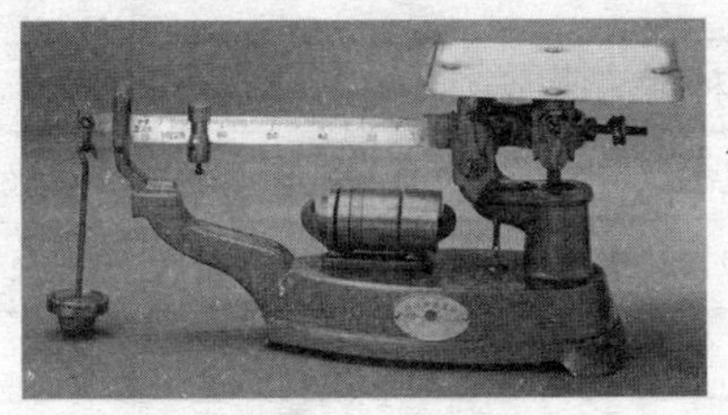

图 1－9　案秤

图 1－10　各种杆秤

（2）电控机械秤

电控机械秤是机电结合的一种半自动秤（如图 1－11、图 1－12 所示）。该秤的承重装置是由机械杠杆组成，待杠杆承重受力后，杠杆再将受力后的位移通过光栅装置转换成数字信号送入电子线路，最后用数字显示出重量值。该秤与机械杠杆秤相比具有承重效率高，但称重准确度有所降低。

图 1－11　手提弹簧秤

图 1－12　双面弹簧秤

（3）电子秤

电子秤是以传感器为承重元件，把被称的物体重量按一定的比例关系转换成信号，然后通过二次仪表显示出重量。该秤（如图 1－13、图 1－14 所示）体积小、称量效率高，适用于动态称重和工作条件差的环境中工作，能达到自动化和远距离控制。

图 1－13　加装遥控器的电子秤

图 1－14　电子秤

3. 装卸搬运设备准备

表 1－9　装卸搬运设备

设备类型	种类
装卸堆垛设备	桥式起重机、轮胎起重机、门式起重机、叉车、堆垛机、滑车、跳板及滑板等
搬运传送设备	电平搬运车、内燃搬运车、拖车、汽车、皮带输送机、电梯、手推车等
成组搬运设备	托盘、集装箱等

（1）叉车

叉车又称铲车、叉式起重机，是一种无轨、轮胎行走式装卸搬运车辆（如表 1－9 所示）。它主要用于厂矿、仓库、车站、港口等场所，对成件、包装件以及托盘等集装件进行装卸、堆垛、拆垛、短途搬运等作业。叉车是仓库装卸搬运机械中应用最广泛的设备之一，由于叉车能够把水平方向的搬运和垂直方向的起升紧密结合起来，有效地完成各种装卸搬运作业，因此是装卸搬运机械中应用最广泛的一种，几乎所有的配送中心都能看到它。

1）叉车用途

不同种类的叉车会有不同的用途。根据其动力种类划分为电瓶叉车和内燃机叉车两大类。电瓶叉车常用于室内、短距离和工作量较小的搬运作业；内燃机叉车常用于室外、长距离和工作量较大的搬运作业。

最常用的平衡重式叉车操作灵活方便，工作效率最高，但缺点是直角堆垛时需要较宽的作业通道，使仓间的面积利用率大为降低，影响仓库的经营效益。前移式和侧载式叉车所需作业通道宽度较小。有些新型叉车（如侧移式叉车和转塔式叉车）则更进一步缩小所需作业通道宽度，通过叉齿提升高度，从而提高仓库空间利用率，克服普通平衡重式叉车的缺陷。

2）叉车种类

随着仓储业的发展，与仓储作业息息相关的机械设备也日趋多样化，叉车的类型也逐渐增多，可以从不同角度分类。

①按照采用的动力方式分类

a. 内燃式叉车（如图 1－15 所示）

采用的动力装置是内燃机，根据动力不同又可分为汽油机式叉车、柴油机式叉车和液化石油气式叉车。其特点是机动性好，功率大，用途较广泛，一般情况下，重、大吨位的叉车采用内燃机作为动力。

b. 电动式叉车（如图 1－16 所示）

电动式叉车又称电瓶式叉车。以蓄电池为动力，用直流电机驱动。它具有操作容易，无废气污染，适合在室内作业的特点，随着环保要求的提高，电动式叉车需求有较快的增长。

图 1－15　内燃式叉车

图 1－16　电动式叉车

②按照性能和功用进行分类

a. 平衡重式叉车（如图 1－17 所示）

其货叉位于叉车的前部，为了平衡货物重量产生的倾翻力矩，在叉车的后部装有平衡重，以保持叉车的稳定。平衡重式叉车是目前应用最广泛的叉车，占叉车总量的 80% 左右。

b. 插腿式叉车（如图 1－18 所示）

插腿式叉车的两条腿向前伸出，支撑在很小的车轮上。支腿的高度很小，可同货叉一起插入货物底部，由货叉托起货物。货物的重心落到车辆的支撑平面内，因此稳定性很好，不必再设平衡重。插腿式叉车一般由电动机驱动，蓄电池供电。它的作业特点是起重量小、车速低、结构简单、外形小巧。适用于通道狭窄的仓库内作业。

c. 侧面式叉车（如图 1－19 所示）

侧面式叉车的门架和货叉在车体的一侧。其作业的主要特点有两个：一是在出入库作业的过程中，车体进入通道，货叉面向货架或货垛，这样，在进行装卸作业时不必再先转弯然后作业，这个特点使侧面式叉车适合于窄通道作业；二是有利于装搬条形长尺寸货物，因为长尺寸货物与车体平行，不受通道宽度的限制。室外工作一般采用充气轮胎，室内工作一般采用实心轮胎。

图 1－17　平衡重式叉车

图 1－18　插腿式叉车

图 1－19　侧面式叉车

d. 前移式叉车（如图 1－20 所示）

前移式叉车有两条前伸的支腿，与插腿式叉车比较，前轮较大，支腿较高，作业时支腿不能插入货物的底部，而门架可以带着整个起升机构沿支腿内侧的轨道移动，这样货叉叉取货物后稍微起升一个高度即可缩回，保证叉车运行时的稳定性。前移式叉车与插腿式叉车一样，都是货物的重心落到车辆的支撑平面内，因此稳定性很好。适用于车间、仓库内作业。

e. 集装箱式叉车（如图 1 – 21 所示）

集装箱式叉车专门用于集装箱的装卸搬运，也有正面式和侧面式两类，它的主要特点是可搬运较大重量的货物。

f. 高货位拣选式叉车（如图 1 – 22 所示）

高货位拣选式叉车的主要作用是高位拣货。操作台上的操作者可与装卸装置一起上下运动，并拣选储存在两侧货架内的货物，适用于多品种少量入出库的特选式高层货架仓库。起升高度一般 4m ~ 6m，最高可达 13m，大大提高仓库空间利用率。为保证安全，操作台起升时，只能微动运行。

图 1 – 20　前移式叉车

图 1 – 21　集装箱式叉车

图 1 – 22　高货位拣选式叉车

③按照用途进行分类

a. 通用叉车

在大多数情况下都可以使用的叉车，是大批量生产的、在各个部门和场所普遍使用的叉车。

b. 专用叉车

专门用来装卸某种货物的叉车或专用于特殊场合的叉车。如堆垛式叉车、集装箱式叉车、箱内作业叉车。

（2）托盘

托盘是为了使物品能有效地装卸、运输、保管，将其按一定数量组合放置于一定形状的台面上，这种台面有供叉车从下部叉入并将台板托起的叉入口。以这种结构为基本结构的平台和在这种基本结构上形成的各种形式的集装器具都可统称为托盘。

托盘是一种重要的集装器具，是在物流领域中适应装卸机械化而发展起来的一种集装器具，托盘的发展可以说是与叉车同步，叉车与托盘的共同使用，形成的有效装卸系统大大地促进了装卸作业的发展，使装卸机械化水平大幅度提高，使长期以来在运输过程中的装卸瓶颈得以改善。所以，托盘的出现也有效地促进了物流过程水平的提高。

托盘最初是在装卸领域出现并发展的，在应用过程中又进一步发展了托盘作为储存设施和成为一个运输单位的重要功能，使托盘成了物流系统化的重要装备机具，对现代物流的形成，对物流系统的建立起了不小的作用，托盘的出现也促进了集装箱和其他集装方式的形成和发展。现在，托盘已是和集装箱一样重要的集装方式，形成了集装系统的两大支柱。

1）托盘主要有以下几个特点：

①自重量小，因而用于装卸、运输托盘本身所消耗的劳动较小，无效运输及装卸较集

装箱要小。

②返空容易，返空时占用运力很少。由于托盘造价不高，又很容易互相代用，互以对方托盘抵补，所以无须像集装箱那样必有固定归属者，返空比集装箱容易。

a. 装盘容易，不需像集装箱那样深入到箱体内部，装盘后可采用捆扎、紧包等技术处理，使用时简便。

b. 装载量有限，装载量虽然较集装箱小，但也能集中一定数量，比一般包装的组合量大得多。

c. 保护性差，保护性比集装箱差，露天存放困难，需要有仓库等配套设施。托盘包装在国际贸易中已经使用了很多年，被认为是经济效益较高的运输包装方法之一，它不仅可以简化包装，降低成本，使包装可靠，减少损失，而且易机械化，节省人力，实现高层码垛，充分利用空间。

2）托盘的种类繁多，就目的国内外常见的托盘种类来说．大致可以划分为五大类。

①平托盘

托盘是指在承载面和支撑面间夹以纵梁，构成可集装物料，可使用叉车或搬运车等进行作业的货盘。平托盘几乎是托盘的代名词，只要一提托盘，一般都是指平托盘，因为平托盘使用范围最广，利用数量最大，通用性最好。平托盘又可按以下三个条件分类：

a. 按台面分类。按承托货物台面分成单面型、单面使用型和双面使用型、冀型四种。

b. 按叉车叉入方式分类。分为单向叉入型、双向叉入型、四向叉入型三种。四向叉入型，叉车可从四个方向进叉，因而叉运较为灵活。单向叉入型只能从一个方向叉入，因而在叉车操作时较为困难。

c. 按材料分类，可分为：木制平托盘（如图 1－23 所示）。木制平托盘制造方便，便于维修，本体也较轻、是使用广泛的平托盘；钢制平托盘，是用角钢等异型钢材焊接制成的平托盘。和木制平托盘一样，也有叉入型和单面、双面使用型等各种形式。钢制平托盘自身较重，比木制平托盘重，人力搬运较为困难。近来使用的轻钢结构，最低重量可制成 35 千克的 1100mm×1100mm 钢制平托盘，可使用人力搬移。钢制平托盘最大特点是强度高，不易损坏和变形，维修工作量较小。钢制平托盘制成翼形平托盘有优势．这种托盘不但可使用叉车装卸，也可利用两翼套吊装作业；塑料制平托盘（如图 1－24 所示）。采用塑料模制平托盘，一般是双面使用型，两向叉入或四面叉入，由于塑料强度有限，很少有翼型的平托盘。塑料制平托盘最主要特点是本体重量轻，不存在透钉刺破货物的问题，但塑料承载能力不如钢、木制托盘；胶板制平托盘。用胶合板钉制台面的平板型台面托盘，这种托盘质轻，但承重力及耐久性较差。

图 1－23　木制平托盘

图 1－24　塑料制平托盘

②柱式托盘（如图1－25所示）

柱式托盘分为固定式和可卸式两种，其基本结构是托盘的4个角有钢制立柱，柱子上端可用横梁连结，形成框架型。柱式托盘的主要作用，一是利用立柱支撑重量物，往高叠放；二是可防止托盘上放置的货物在运输和装卸过程中发生塌垛现象。

图1－25　柱式托盘

③箱式托盘

箱式托盘（如图1－26、图1－27所示）的基本结构是沿托盘四个边有板式、栅式、网式等各种平面组成箱体，有些箱体有顶板，有些箱体上没有顶板。箱板有固定式、折叠式和可卸式三种。箱式托盘的主要特点：其一是防护能力强，可有效防止塌垛，防止货损；其二是四周有护板护栏，这种托盘装运范围较大，不但能装运可码垛的整齐形状包装货物，也可装运各种异型的不稳定物品。

图1－26　箱式托盘

图1－27　钢制固定板箱式托盘箱

④轮式托盘

轮式托盘（如图1－28所示）的基本结构是在柱式、箱式托盘下部装有小型轮子，这种托盘不但具有一般柱式、箱式托盘的优点，而且可利用轮子做小距离运动，可不需搬运机具实现搬运。可利用轮子做滚上滚下的装卸，也有利于装放车内、船内后，移动其位置，所以轮式托盘有很强的搬运性。此外，轮式托盘在生产物流系统中，还可以兼做作业车辆。

图1－28　轮式托盘

⑤特种专用托盘（如图1－29、图1－30所示）

上述托盘都带有一定通用性，适合装载多种中、小件杂、散、包装货物。由于托盘制作简单，造价低，所以某些较大数量运输的货物，都可制出装载效率高、装运方便、适于某种物品且有特殊要求的专用托盘。各国纷纷研制了多种多样的专用托盘，在某些特殊领域发挥其作用，这里仅举几个例子。

a. 平板玻璃集装托盘。也称平板玻璃集装架，分许多种类。有L型单面装放平板玻璃单面进叉式，有A型双面装放平板玻璃双向进叉式，还有吊叉结合式和框架式等。运输过程中托盘起支撑和固定作用，平板玻璃一般都立放在托盘上，并且玻璃还要顺着车辆的前进方向，以保持托盘和玻璃的稳固。

b. 轮胎专用托盘。轮胎的特点是耐水、耐蚀、怕挤压，轮胎专用托盘较好地解决了这个矛盾。利用轮胎专用托盘，可多层码放，不挤不压，大大地提高装卸和储存效率。

c. 长尺寸物托盘。这是一种专门用来码放长尺寸物品的托盘，有的呈多层结构。物品堆码后，就形成了长尺寸货架。

d. 油桶专用托盘。是专门存放、装运标准油桶的异型平托盘。双面均有波形沟槽或侧板，以稳定油桶，防止滚落。优点是可多层堆码，提高仓储和运输能力。

图1－29　蒸汽砖专用托盘

图1－30　轮胎专用托盘

（3）手推车

手推车轻便灵活，广泛用于仓库、物流中心、生产工厂、百货公司、货运站、机场等。由于一般手推车没有提升能力，所以一般承载能力在500千克以下。手推车系列按用途及负荷能力可分为二轮手推车、多轮手推车及物流笼车三类。

1）二轮手推车

二轮手推车基本上可分为东方型和西方型两类（如图1－31所示）。东方型结构架呈推拔状，轮子在外侧，具有弧状或平的横板。用来搬运混装的货物非常有用，如桶子、袋子、箱子或其他重的东西。西方型结构架平行，轮子在内侧，手把呈弧状。二轮手推车可配合货车搬运或用于火车站货物搬运。

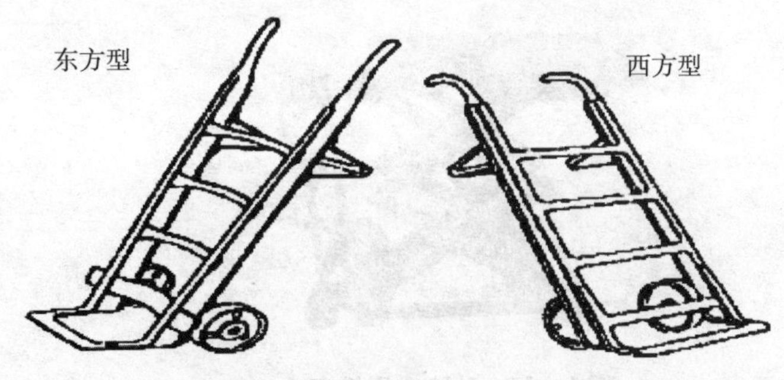

图1－31　二轮手推车

2）多轮手推车

多轮手推车依用途及负荷不同，有不同尺寸及设计方式，可分为木制或金属制。按脚轮布置及用途方面差异来区分有下列几种常用类型。

①按脚轮的使用方式分为平置式及平衡式两大类型，常用的有三种：

a. 脚轮平置式。一端为两固定脚轮，另一端为两活动旋转脚轮，或为附有刹车的活动旋转脚轮，台车高度较低，适用于轻度及中度负荷。

b. 脚轮平衡式。四轮均为旋转脚轮，灵活度很高，适用于轻度负荷。

c. 六脚轮平衡式。两固定脚轮在中间，两端各有两旋转脚轮，适用于一般中等负荷的需求。

②按用途分有以下几种：

a. 立体多层式。为增加物品盛放的空间及存取方便性，把传统单板台面改成多层式台面设计，这种手推车常用于拣货（如图1－32所示）。

图1－32　立体多层式手推车

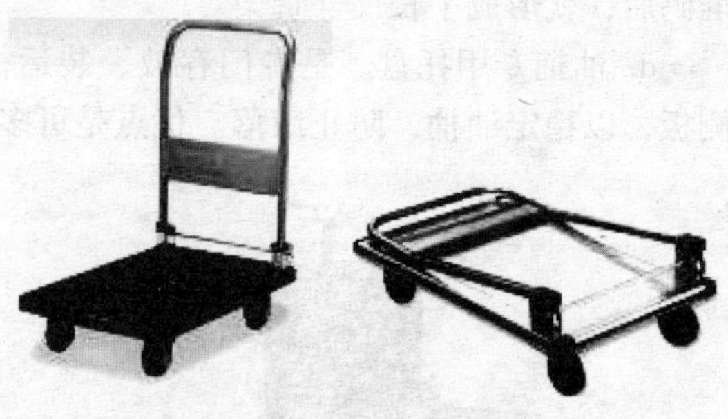

图1－33　折叠式手推车

b. 折叠式。为方便携带，手推车的推杆常设计成可折叠方式，这种推车因使用方便，收藏容易，故普及率高（如图1－33所示）。

c. 升降式。当搬运体积较小、重量较重的金属制品时或在人工搬运吃力的搬运场合中，由于场地的限制而无法使用堆高机时便可采用可升降式手推车。这种推车除了装有升降台面来供承载物升降外，其轮子多采用耐压且附有刹车定位的车轮以供准确定位（如图1－34所示）。

d. 附梯式。在物流中心，手推车在拣货作业中使用最广，而拣货作业常因货架高度的限制而必须爬高取物，故有些手推车旁附有梯子以方便取物（如图1－35所示）。

图1－34　升降式手推车

图1－35　附梯式手推车

3）物流笼车

物流笼车（如图1－36所示）以加大放置物品的空间及可折叠收藏为考虑重点，故笼车高度一般高于1450毫米，利用向上延伸的空间来实现放置物空间的最大限度使用。其使用场合大都为配送出货前的集货及随车全程运送，故采用高强度焊接架构，表面经镀锌处理再油漆，以延长使用寿命。为了让流程作业明了，一般附有标记位置以供使用者标记之用。

图1－36 物流笼车

装卸搬运设备的选择依据和选择方法

1. 选择依据

选择恰当的设备和设备系统是件复杂的工作，通常可以从以下方面入手：

（1）明确是否确实需要进行这个搬运步骤。

（2）要有长远发展的眼光，即制定设备选择计划时要考虑长远发展的需要。

（3）牢记系统化的观念。所选用的设备不仅仅局限于仓库作业的某一个环节，它要在整个系统的总目标下发挥作用。

（4）遵循简单化原则，选择合适的规格型号。为完成某种轻量级工作而购买价格昂贵的重量级设备，或者选用使用寿命不长的设备都是极不恰当的，在可能的条件下应尽可能利用重力输送的长处。同时，应尽可能采用标准设备，而不采用价格昂贵的非标准化设备。另外，在增加投资前，一定要确认现有设备得到了充分利用。

（5）要进行多方案的比较。不要只依靠一家设备商去选择完成某项搬运工作的设备和搬运方法，要想到可能会有更好、更低价的设备和搬运方法。

2. 选择方法

（1）根据距离和物流量指示图，确定设备的类别，如图1－37所示。简单的搬运设备适合于距离短、物流量小的搬运需要；复杂的搬运设备适合于距离短、物流量大的搬运需要。简单的运输设备适合于距离长、物流量小的运输需要；复杂的运输设备适合于距离长、物流量大的运输需要。

（2）根据设备的技术指标、货物特点以及运行成本、使用方便等因素，选择设备系列型号，甚至品牌。在设备选型时要注意：

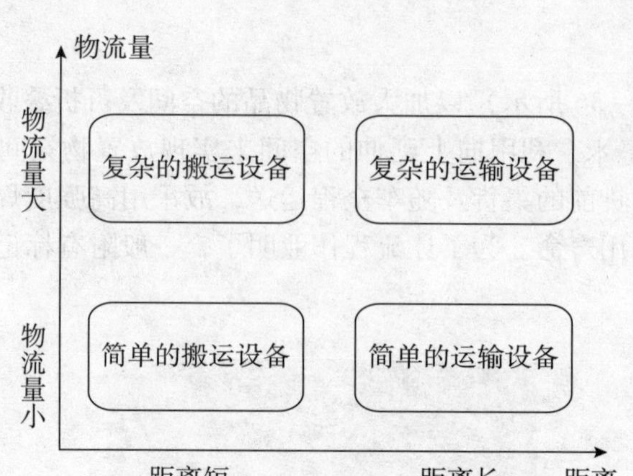

图1－37　距离、物流量和搬运运输设备

1）设备的技术性能。能否胜任工作以及设备的灵活性要求等。

2）设备的可靠性。在规定的时间内能够工作而不出现故障，或出现一般性故障易立即修复且安全可靠。

3）工作环境的配合适应性。工作场合是露天还是室内，是否有震动、是否有化学污染以及其他特定环境要求等。

4）经济因素。包括投资水平、投资回收期及性能价格比等。

5）可操作性和使用性。操作是否易于掌握，培训的复杂程度等。

6）能耗因素。设备的能耗应符合燃烧与电力供应情况。

7）备件及维修因素。设备条件和维修应方便、可行。

（三）人员准备

按照到货时间和数量，安排好接运、卸货、检验和搬运货物的各类作业人员。

（四）文件准备

根据到货计划，准备到货的单证核查的相关文件。

步骤二　商品送达

商品运达后，需配送中心从相应站港接运商品，对直接送达配送中心的商品，必须及时组织卸货入库。

进货作业注意事项：

1. 应多利用配送车司机卸货，以减少公司作业人员和避免卸货作业的拖延。
2. 尽可能将多样活动集中在同一工作站，以节省必要的空间。
3. 尽量避开进货高峰期，并依据相关性安排活动，以达到距离最小化。
4. 详细记录进货资料，以备后续存取核查。

步骤三 卸货

配送中心卸货一般在收货站台上进行。送货方到指定地点卸货，并将抽样商品、送货凭证、增值税发票交验；卸货方式通常有人工卸货、输送机卸货和码托盘叉车卸货等方式。卸车中应注意如下要点。

1. 要按车号、品名、规格和商品的性质合理堆放，以免混淆。做到层次分明，便于清点，并标明车号及卸车日期。

2. 注意外包装的指示标志，要正确钩挂、铲兜、升起、轻放，防止包装和物品损坏。

3. 妥善处理苫盖，防止受潮和污损。

4. 保证包装完好，不碰坏，不压伤，更不得自行打开包装。

5. 对品名不符、包装破损、受潮或损坏的物品，应另行堆放，写明标志，并会同承运部门进行检查，编制记录。

6. 力求与仓库管理人员共同监卸，争取做到卸车和物品件数一次点清。

7. 卸后货垛之间留有通道，并要与电杆、消防栓保持一定距离。

8. 正确使用装卸机具、工具和安全防护用具，确保人身和物品安全。

步骤四 收货

此项作业的目的在于确保所送货数量、质量、时间等与本公司订单相吻合。公司收货部门的收货作业包括准确地清点商品数量、验货、记账、将商品转入集存区域储存。如果公司执行及时配送（JIT）、快速反应（QR）等计划，则收货作业的质量特别重要。

（一）收货前的准备工作

在配送中心的商品集中待运过程中，往往情况变化很多，有时大量集中到达，有时零星分散到达。收货工作必须根据具体情况做好各项准备工作。

1. 根据供应商的送货预报，在计算机终端（如手掌机）内输入这些商品的条码以及本日到货的所有预报信息。送货人员要根据各种不同的来货方式，摸清送货规律并利用预报资源以及能够掌握到的资料，安排好足够空间的收货场地和叉车等搬运机械，使到达的商品能及时卸车堆放。

2. 准备好收货所需的空托盘，让商品直接卸在托盘上。

3. 预备好有关用具，避免临时忙乱。一般应准备好收货回单图章、存放单据盒（或夹子）、物流条码（或粉笔）以及包装加固的材料工具等。

（二）收货检验的内容

收货检验工作是一项细致复杂的工作，一定要仔细核对才能做到准确无误。从目前实际情况来看，有两种核对方法，即“三核对”和全核对。

“三核对”即核对商品条码（或物流条码）、核对商品的件数、核对商品包装上品名、规格、细数。只有做到这“三核对”，才能达到品类相符、件数准确。由于用托盘收货时要做到“三核对”有一定难度，故收货时采取边收边验的方法才能保证“三核对”的执行。有的商品即使进行了“三核对”后，仍会出现一些规格和等级上的差错，如品种繁多的小商品，对这类商品则要采取全核对的方法，要以单对货，核对所有项目即品名、规格、颜色、等级、标准等。只有这样才能保证单货相符，准确无误（交货验收单如表 1－10 所示）。

表 1－10　　　　　　　　　　　　**交 货 验 收 单**

年　　月　　日　　　　　　　　　　　　　　　　　　　　品名：

<table>
<tr><td colspan="2">订单号码</td><td colspan="3"></td><td>发票号码</td><td colspan="4"></td></tr>
<tr><td colspan="2">订购数</td><td colspan="3"></td><td>交货数</td><td colspan="4"></td></tr>
<tr><td colspan="2">点收数</td><td colspan="3"></td><td>实收数</td><td colspan="4"></td></tr>
<tr><td colspan="2">检验项目</td><td colspan="3">检验规格</td><td>检验状况</td><td colspan="2">数量</td><td colspan="2">等级</td></tr>
<tr><td colspan="2"></td><td colspan="3"></td><td></td><td colspan="2"></td><td colspan="2"></td></tr>
<tr><td colspan="2"></td><td colspan="3"></td><td></td><td colspan="2"></td><td colspan="2"></td></tr>
<tr><td colspan="2"></td><td colspan="3"></td><td></td><td colspan="2"></td><td colspan="2"></td></tr>
<tr><td colspan="2"></td><td colspan="3"></td><td></td><td colspan="2"></td><td colspan="2"></td></tr>
<tr><td colspan="2">检验数量</td><td colspan="3"></td><td>不良数</td><td colspan="2"></td><td>不良率</td><td></td></tr>
<tr><td colspan="2">处理情况</td><td>允许</td><td></td><td>拒收</td><td></td><td>特采</td><td></td><td>全检</td><td></td></tr>
<tr><td>仓库主管</td><td></td><td>入库员</td><td></td><td>质管主管</td><td></td><td>检验员</td><td></td><td>点收员</td><td></td></tr>
</table>

步骤五　货品的编号标示

编号就是将货品按其分类内容，进行有次序的编排，用简明的文字、符号或数字代替货品的名称、类别及其他有关信息的一种方式。由于备货作业是配送作业的一个前期阶段，因而如何让后续作业能够迅速、正确地进行，并使货物品质及作业水准也能得到妥善维持，在进货阶段对货物作好清楚有效的编号，应是不可省去的一项手续。

（一）货品编号的原则

1. 简易性。应将货品化繁为简，便于货物活动之处理。
2. 完全性。要使每一项货品都有一种编号代替。
3. 单一性。每一个编号只能代表一项货品。
4. 充足性。其所采用的文字、记号或数字，必须有足够的数量来编号。
5. 扩充性。为未来货品的扩展及产品规格的增加预留编号，使编号能按照需要自由延伸，或随时从中插入。
6. 组织性。编号应有组织，以便存档或查询相关资料。
7. 易记性。应选择易于记忆的文字、符号或数字，或富于暗示及联想性。

（二）货品编号的方法

货品编号大致可分为下列六种方法：

1. 流水号编号法

流水号编号法（如表 1－11 所示）是由 1 开始按数字顺序一直往下编的编号法，常用于账号或发票编号，属于延展式的方法。

表 1－11　　流水号编号法示例

编号	商品名称
1	肥皂
2	洗衣粉
3	雪花膏

2. 数字分段法

数字分段法是（如表 1－12 所示）指数字分段，让每一段数字代表共同特性的一类货品。

表 1－12　　数字分段法示例

编码	商品名称	备注
1	单块装香皂	1～3 用于香皂编号
2	2 块装香皂	
3	4 块装香皂	
4	黑妹牙膏	4～7 用于牙膏编号
5	中华牙膏	
6	冷酸灵牙膏	
7	佳洁士牙膏	

3. 分组编号法

分组编号法（如表 1－13、表 1－14 所示）是以货品的特性分成多个数字组，每一数字组代表此项货品的一种特性，例如，第一数字组代表货品的类别，第二数字组代表货品的形状，第三数字组代表货品的供应商，第四数字组代表货品的尺寸，至于每一个数字组的位数多少可视实际需要而定。此方法目前较为常用。

表 1－13　　分组编号法示例

	类别	形状	供应商	尺寸
编号	07	4	006	110

表 1－14　　编号意义如下

货　品	类　别	形　状	供应商	尺　寸	意　义
编号	07				饮料
		4			方形
			006		康师傅
				110	4m×9m×15m

4. 实际意义编号法

实际意义编号法（如表1－15所示）是以货品的名称、重量、尺寸、分区、储位、保存期限或其他特性的实际情况来考虑编号。

表1－15　实际意义编号法示例

编码名称	编码	意义
F04915B1	F0	表示食品类
	4951	表示4m×9m×15m，尺寸大小
	B	表B区，商品储存区号
	1	表示第一排料架

5. 后数位编号法

后数位编号法（如表1－16所示）是运用编号末尾的数字，来对同类货品作进一步的细分，也就是从数字的层级关系看货品的归属类别。

表1－16　后数位编号法示例

编号	货品类别
260	服饰
270	女装
271	上衣
271.1	毛衣
271.11	红色

6. 暗示编码法

暗示编码法是用数字与文字的组合进行编码，编码本身虽不直接指明商品的实际情况，但却能暗示商品的内容。此法容易记忆又不易让他人知道。

例如，编码为“BY005WB10”的商品，如表1－17所示。

表1－17　暗示编码法示例

属性	商品名称	尺寸	颜色与类型	供应商
编码	BY	005	WB	10
含义	自行车	大小为5号	白色，小孩型	供应商号码

步骤六　货物分类

货物分类是将多品种货物按其性质或其他条件逐次区别，分别归纳入不同的货物类别，并进行有系统的排列，以提高作业效率。

（一）货物分类的原则

完全、合理的分类能使繁杂的作业变得有系统性，因而对货物进行分类应注意下列原则：

1. 分类应按统一标准、同一原则区分。

2. 分类应根据企业自身的需要，来选择适用的分类形式。

3. 分类应有系统地展开，逐次细分，层次分明。

4. 分类应明确且相互排斥，当一产品已归于某类，绝不可能再分至他类。

5. 分类应具有安全性、普遍性，分类系统应能包罗万象，适用于广大的地区类别，使所有物料均能清楚归类。

6. 分类应有不变性，以免造成货物混乱。

7. 分类应有伸缩性，以便随时增加新产品或新货物。

8. 分类应确切实用，绝不可流于空想。

（二）货物分类的方式

1. 为适应货物储存保管的需要，可按照商品的特性分类。

2. 按商品的使用目的、方法及程序分类，如把需要流通加工的分为一类，直接性原料分为一类，间接性原料分为一类等。

3. 为适应货品采购便利而按交易行业分类。

4. 为方便账务处理，按会计科目分类。

5. 按货物状态分类，如货物的内容、形状、尺寸、颜色、重量等。

6. 按资讯方面分类，如货物送往目的地、顾客类别等。

（三）货物分类的流程

对品项较多的分类储存，可分为两阶段、上下两层输送同时进行，其程序如下：

1. 通过条码读取机读取箱子上的物流条码，依照品项做出第一次分类，再决定归属上层或下层的存储输送线。

2. 上、下层的条码读取机再次读取条码，并将箱子按各个不同的品项，分门别类到各个储存线上。

3. 在每条储存线的切离端，箱子堆满一只托盘的分量后，一长串货物即被分离出来。

4. 当箱子组合装满一层托盘时，就被送入中心部。

5. 箱子在托盘上一层层地堆叠，直到预先设定的层数后完成分类。

6. 操作员用叉式堆高机将分好类的货物依次运送到储存场所。

步骤七　核对有关单据和信息

进货商品通常都核对三方面单据：存货方提供的入库通知单、采购订单、采购进货通知单，供应方开具的出仓单、发票、磅码单、发货明细表等；除此之外，有些商品还有随货同行的商品质量保证书、材质证明书、检疫合格证、装箱单等；对由承运企业转运的货物，接运时还需审核运单、运输的普通记录或商务记录。进货时应核对货物与单据反映的信息是否相符。

步骤八　货品验收

货品的验收工作，实际上包括“品质的检验”和“数量的点收”双重任务。验收工作的进行，有两种不同的情形：第一种情形是先行点收数量，再通知负责检验单位办理检验工作；第二种情形是先由检验部门检验品质，认为完全合格后，再通知仓储部门，办理收货手续，填写收货单。

（一）货品验收的标准

为了准确及时地验收货物，必须明确验收标准。在实际进货作业过程中通常依据以下标准验收货物。

1. 采购合同或订单所规定的具体要求和条件。

2. 议价时的合格样品。

3. 采购合约中的规格或图解。

4. 各类产品的国家品质标准或国际标准。

（二）收货验收的内容

收货验收工作是一项细致复杂的工作，一定要仔细核对，才能做到准确无误。

在对商品验收核对时主要是核对商品条码（或物流条码）、商品的件数及商品包装上的品名、规格、细数。只有这样，才能达到品类相符、件数准确。有的商品即使进行了验收核对，也可能仍会产生一些规格或等级上的差错，如品种繁多的小商品，对这类商品则要采取全核对的方法，要以单对货，核对所有项目，即品名、规格、颜色、等级、标准等，以确保单货相符，准确无误。

1. 条码验收

在作业时要抓住两个关键，一是检验该商品是否有送货预报的商品；二是验收该商品的条码与商品数据库内已登录的资料是否相符。

2. 质量验收

配送中心对入库货物进行质量检查的主要目的是查明入库商品的质量状况，以便及时发现问题，分清责任，确保到库货物符合订货要求。质量验收通常采用感官检查和仪器检查等方法。

感官检验方法在验收时，一般只能用“看”、“闻”、“听”、“摇”、“拍”、“摸”等，检查范围也只能是包装外表。

对于流汁商品的验收，应检验包装外表有无污渍（包括干渍和湿渍），若有污渍，必须拆箱检验并调换包装；对于玻璃制品的验收（包括部分是玻璃材质的商品），要件件摇动或倾倒细听声响；对于香水、花露水等商品的验收，除了“听声响”外，还可以在箱子封口处闻味道，如果闻到香气严重刺鼻，可以判定内部商品必定有异常状况；对于针织品等怕湿商品的验收，要注意包装外表有无水渍；对于存在有效期商品的验收，必须严格注意商品的出厂日期，并按规定把关，防止商品失效和变质。

3. 包装验收

包装验收的目的是保证商品在运行途中的安全。物流包装一般在正常的保管、装卸和运送途中，经得起颠簸、挤压、摩擦、污染等影响。在包装验收时，应具体检查纸箱封条是否破裂、箱盖（底）是否粘牢、纸箱内包装或商品是否外露、纸箱是否受过潮湿。其具体内容有：

（1）包装是否安全牢固。包装验收要从包装材料、包装造型、包装方法等方面进行检

验。如检验箱板的厚度，卡具、索具的牢固程度，纸箱的钉距，内封垫和外封口的严密性等。此外，还需检验商品包装有无变形、水湿、油污、生霉和商品外露等情况。

（2）包装标志、标记是否符合要求。商品包装标记、标志主要用于识别商品、方便转运及指示堆垛。包装标志、标记要符合规定的制作要求，起到识别和指示商品的作用。

（3）包装材料的质量状况。包装材料的质量和性能状况直接关系到包装对商品的保护作用，因此必须符合规定的标准。

4. 数量验收

由于配送中心的收货工作非常繁忙，通常会几辆卡车接连到达，为了节约时间，一般采取“先卸后验”的办法，几辆卡车同时卸车，先卸毕的先验收，交叉进行，既可节省人力，又可加快验收速度，还可有效防止差错。

步骤九　处理进货信息

商品验收完毕，必须对进货信息进行处理。然后把相关资料记录下来。

（一）登录货物信息

商品经验收确认后，必须填写“验收单”，验收单样本如表 1－18 所示，并将有关入库信息（如表 1－19、表 1－20 所示）及时准确地录入库存商品信息管理系统，以便及时更新库存商品的有关数据。入库货物信息通常需要录入以下内容：

1. 商品的一般特征，通常包括商品名称、规格、型号、商品的包装单位、包装尺寸、包装容器及单位重量等。

2. 商品的原始条码、内部编号、进货入库单据号码，以及商品的储位。

3. 商品的入库数量、入库时间、进货批次、生产日期、质量状况、商品单价等。

4. 供货商信息，包括供应商名称、编号、合同号等。

表 1－18　　　　**验收单**

<table>
<tr><td>供货商</td><td colspan="3"></td><td>采购订单号</td><td colspan="3"></td><td>验收员</td><td></td></tr>
<tr><td>运单号</td><td colspan="7"></td><td>验收日期</td><td></td></tr>
<tr><td>运货日期</td><td colspan="3"></td><td>到货日期</td><td colspan="3"></td><td>复核员（日期）</td><td></td></tr>
<tr><td>序号</td><td>储位号码</td><td>商品名称</td><td>商品规格型号</td><td>商品编码</td><td>包装单位</td><td>应收数量</td><td>实收数量</td><td>备注</td><td></td></tr>
<tr><td></td><td></td><td></td><td></td><td></td><td></td><td></td><td></td><td></td><td></td></tr>
<tr><td></td><td></td><td></td><td></td><td></td><td></td><td></td><td></td><td></td><td></td></tr>
<tr><td></td><td></td><td></td><td></td><td></td><td></td><td></td><td></td><td></td><td></td></tr>
<tr><td></td><td></td><td></td><td></td><td></td><td></td><td></td><td></td><td></td><td></td></tr>
<tr><td></td><td></td><td></td><td></td><td></td><td></td><td></td><td></td><td></td><td></td></tr>
<tr><td></td><td></td><td></td><td></td><td></td><td></td><td></td><td></td><td></td><td></td></tr>
<tr><td></td><td></td><td></td><td></td><td></td><td></td><td></td><td></td><td></td><td></td></tr>
</table>

表 1-19　　入库单

<table>
<tr><td colspan="8">入库单　　No.</td></tr>
<tr><td colspan="4">仓库名称/编号：</td><td colspan="4">□正常商品　□暂存商品　□退换货</td></tr>
<tr><td colspan="4">客户名称：</td><td colspan="4">客户编号：</td></tr>
<tr><td colspan="4">发货单位编号：</td><td colspan="2">应发总数：</td><td colspan="2">实发总数：</td></tr>
<tr><td colspan="4">联系人：</td><td colspan="4">联系电话：</td></tr>
<tr><td>产品名称</td><td>产品编号</td><td>规格</td><td>单位</td><td>应收数量</td><td>实收数量</td><td>批号</td><td>验收备注</td></tr>
<tr><td></td><td></td><td></td><td></td><td></td><td></td><td></td><td></td></tr>
<tr><td></td><td></td><td></td><td></td><td></td><td></td><td></td><td></td></tr>
<tr><td></td><td></td><td></td><td></td><td></td><td></td><td></td><td></td></tr>
<tr><td></td><td></td><td></td><td></td><td></td><td></td><td></td><td></td></tr>
<tr><td></td><td></td><td></td><td></td><td></td><td></td><td></td><td></td></tr>
<tr><td></td><td></td><td></td><td></td><td></td><td></td><td></td><td></td></tr>
<tr><td></td><td></td><td></td><td></td><td></td><td></td><td></td><td></td></tr>
<tr><td></td><td></td><td></td><td></td><td></td><td></td><td></td><td></td></tr>
<tr><td></td><td></td><td></td><td></td><td></td><td></td><td></td><td></td></tr>
<tr><td></td><td></td><td></td><td></td><td></td><td></td><td></td><td></td></tr>
<tr><td></td><td></td><td></td><td></td><td></td><td></td><td></td><td></td></tr>
<tr><td></td><td></td><td></td><td></td><td></td><td></td><td></td><td></td></tr>
<tr><td></td><td></td><td></td><td></td><td></td><td></td><td></td><td></td></tr>
<tr><td colspan="8">承运单位：</td></tr>
<tr><td>保管员：</td><td colspan="2">体积（或重量）</td><td colspan="3"></td><td>司机签字</td><td></td></tr>
<tr><td>制单人：</td><td colspan="2">集装箱号</td><td colspan="3"></td><td>证件号码</td><td></td></tr>
<tr><td>入库日期：</td><td colspan="2">铅封号</td><td colspan="3"></td><td>车号</td><td></td></tr>
<tr><td>盖章：</td><td colspan="2">运单号</td><td colspan="3"></td><td>联系电话</td><td></td></tr>
</table>

本单一式三联，第一联：送货人联；第二联：财务联；第三联：仓库存查。

表 1－20　　　　　　　　　　　　　　**入库日结表**

入库日结表					日期：				
货品编码	货品名称	规格	单位	期初数量	入库数量	出库数量	期末数量	重量	体积
总计									
制单人：					经办人：				

（二）搜集和处理辅助信息

进货作业中（如表 1－21、表 1－22 所示），有许多因素会对进货产生直接影响。以下信息是影响进货系统设计的主要因素：

1. 进货商品的一般特征和数量分布。
2. 进货商品的包装尺寸、容器、单重的分布状况。
3. 每一时段内进货批次的分类。
4. 卸货方法及所需时间。
5. 进货入库的场所。

因此，需要搜集这些因素来满足作业需求。

表 1－21　　　　　　　　　　　　　　**进货日报表**

编号：　　　　　　　　　　　　　　　　　　　　　　　　　　年　　月　　日

交货单编号	出货地点	货品样式	个数	件数	商品内容			数量	交货地点	保险	备注
					大分类	中分类	小分类				

表 1－22　　进货月报表

年　月　日

供应商编号	供应商	日计		月计			余额		
		进货净额	收支金额	进货金额	进货退货折让金额	净进货金额	余购金额	未结清票据金额	总债务金额

任务实施

一、实施工具

铅笔、条码打印机、相应的检验设施、卸货及码货工具、模拟货物、叉车、托盘等工具。

二、实施方法

1. 采用项目教学法

将进货准备工作作为一个项目，学生按照资讯——计划——实施——检查评估来完成项目，在老师指导下制订方案、实施方案、最终评估。

2. 模拟实训教学法

本情境教学地点可设置在校外实习基地的配送中心，也可以设在学校具有配送、仓储功能的生产性教学化的实训室。教学场所（实训室）要求具有一些货物信息，可准备若干纸箱代表货物，并在纸箱上标明货物的名称、批次等信息。将学生以 5 ~ 6 人为一小组划分，每个小组定一名组长，以组为单位讨论，编制进货作业计划，要求各岗位人员全力合作，准确熟练做好物资进货前的各项准备工作和接运、验收、入库等工作，在教学过程中将进货作业工作任务交予学生，学生以小组形式独立完成工作任务。

三、实施步骤

步骤一：制订进货作业计划

步骤二：商品送达

步骤三：卸货

步骤四：收货

步骤五：货品的编号标示

步骤六：货物分类

步骤七：核对有关单据和信息

步骤八：货品验收

步骤九：处理进货信息

任务三　储存作业

任务描述

现在哈尔滨惠通物流有限公司准备为新进的货物安排储存，假设你是该公司的仓管人员，请根据商品储存保管的原则，对商品进行安排储位、装卸搬运及盘点检查等作业，使其能正常运转并显著提高作业效率。

知识准备

储存作业的流程主要包括安排储位、装卸搬运作业、堆码作业、清理现场、检查作业、盘点作业六个步骤。

步骤一　安排储位

仓储管理员为货品指派储位，具体做法是由调度部门工作人员在仓储管理系统选择要处理的入库指令，然后调度，为货品分配储位，将打印好的入库单交给库工组。

仓库储位是仓库内具体存放货物的位置。储位的选择和安排货位要方便出入库业务，尽可能缩短收、发货作业时间。清楚地设计好储区之后，应开发“暗示性储位标号”，以使配送中心的商品与储位系统的每一个点建立一一对应的关系，让操作人员能很肯定地知道某商品被放在什么地方，使每一批次的每一种商品有一个“地址”，以便需要时可以马上找到它。

（一）储存空间的规划与分配的基本思路

配送储存保管区域是配送据点的核心和主体部分，其管理的基本目标，一是有利于充分提高储存空间的利用率；二是有利于提高配货作业效率。为确保配送业务的快速进行，储存管理的基础工作就是要对储存空间进行合理的规划与分配。

1. 储存空间的规划与分配的基本思路

储存保管空间的规划与分配的基本思路是：首先应根据配送业务活动所确定的配送货物的形状、重量、体积大小、性质，对储存区域进行分类分区；其次再根据计划储存货物的数量来确定各类货物拟占用储存空间的大小。一般货物储存保管空间可由预计保管货物的总体积来确定，但必须考虑货物搬运作业的便利性、货架摆放和输送设备的安放等因素。

2. 储位空间规划与分配的基本原则

（1）以商品特性的原则为基础。根据货物物理、化学特征分类分区存放。将同一种货物储存在同一保管位置，产品性能类似或互补的商品放在相邻位置，相容性低的货物特别是互相影响其质量的商品应分开存放。这样一方面便于配货人员快速查找，提高配货作业效率；另一方面可以避免不同性质货物的相互影响，防止商品在保管期间受到损失。

（2）以周转率为基础。应根据商品在仓库存放的平均时间确定其周转率大小（存放的平均时间越短，周转率越大），并按其周转率大小进行排序。一般将周转率大的商品存于接近出口处或易于移动的位置，周转率小的商品存放在远离出入口处。

（3）产品相关性原则。产品相关性大者，在订购时通常会被同时订购，也就是说，同时进出仓的可能性较大，因此为缩短拣货时间和搬运路径，并简化清点工作，可以将其尽可能地存放在相邻位置。产品相关性大小可以通过订单上反映的信息分析出来。

（4）先进先出原则。指先入库的商品先安排分拣配货，这一原则对于寿命周期短的商品尤其重要，如食品、化学品等。在运用这一原则时，必须注意在产品形式变化少，产品寿命周期长，质量稳定不易变质等情况下，要综合考虑先进先出所引起的管理费用的增加。对于食品、化学品等易变质的商品，应以“先到期的先出货”为原则，一般在保质期到期前 2 ~3 个月就必须考虑退货或折价处理。

（5）商品体积、重量特性原则。在仓库规划与储位分配时，必须同时考虑商品体积、形状、单位重量的大小，以确定商品所需堆码的空间。通常，质量重、体积大的物品保管在地面上或货架的下层位置。为了适应货架的安全并方便人工搬运，人体腰部以下的高度通常宜储放重物或大型商品。质量重、体积大货物还应储存于坚固层架并接近出货区。

此外，为了提高储存空间的利用率和作业效率，还必须利用合适的积层架、托盘等工具，使货物储放向空间发展。储放时尽量使货物面对通道，以方便作业人员识别标号、名称，提高货物搬运的活性化程度。必须明确标示保管商品的位置，保管场所必须清楚，便于识别、联想和记忆。

储存保管的目标：

1. 空间的最大化利用。

2. 劳动力及设备的有效使用。

3. 所有货品能随时存取，必须建立良好的储位管理系统和库房的合理布置，做到储存在库内的任何货物，随时可以方便地存取。

4. 货品的良好养护，因为储存的目的即在保存货品的使用价值，直到被客户订货出货的时刻，所以在储存时必须保持在良好的养护条件下。

5. 货品的有效移动，在储区内进行的大部分活动是货品的搬运，需要多数的人力及设备来进行货品的搬进和搬出，因此人力与机械设备操作应达到经济和安全的程度。

6. 良好的管理，清楚的通道、干净的地板、适当而有序的储存及安全的运行，将有助于提高工作效率并促进员工的工作积极性。

（二）储位分配的方法

它是根据已确定的商品分类保管方案、仓容定额，规划和确定库房和货场的货位摆放形式。库房的货位与货架摆放方式有两种：一种是横列式，如图 1 - 38 所示；另一种是纵列式，如图 1 - 39 所示。

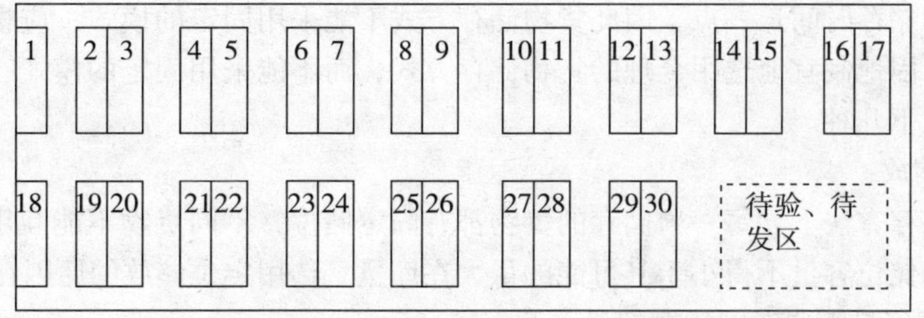

图 1－38　横列式布置货位、货架示意

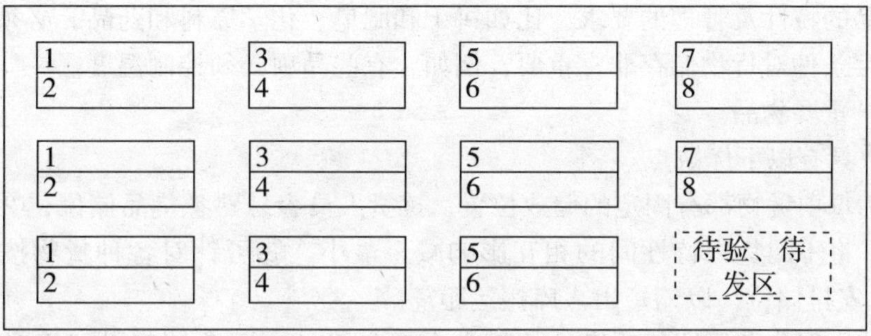

图 1－39　纵列式布置货位、货架示意

货场在摆放货物时，货位一般应与货场的主作业通道成垂直方向，以便装卸和搬运。但在实际的货位布置过程中，既要考虑操作的需要，又要考虑商品的安全。因此，要留出一定的作业通道、垛距、墙距等，要合理、充分利用库房面积，尽量提高仓库的利用率。货位布置应明显，可用漆线在地坪上画线固定，堆放商品时以漆线为界，如图 1－40 所示。

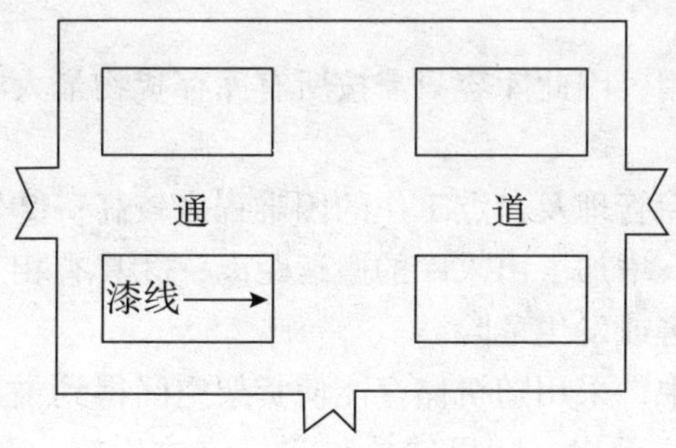

图 1－40　用漆线标明货位

（三）储位指派

储存作业要最大限度地利用空间，最有效地利用劳动力和设备，最安全和经济地搬运货物，对货物进行良好的保护和管理。由于货物的性质、体积、重量、价值、形状不一样，并且在配送作业中的储存时间要求上也有区别，相对来说有些货物是暂存，储存时间短，有些货物储存时间长一点，因此货物储存方式不能采用固定的模式，应根据具体配送业务的要求，因地制宜地选用合理的货物储存方式，而不能采用固定的模式。一般常见的储存方法有以下几种。

1. 定位储放

在这种储存方法下，每一项储存的货物都有固定储位，不同货物不能互用储位，因此每一项货物的储位容量不得小于其可能的最大在库量。选用定位储放的原因在于：

（1）储区安排需要考虑货物的尺寸及重量。

（2）易燃易爆等危险品，必须限制储放于特定的区位，如一定高度，以满足保险标准及防火法规。

（3）产品的特性及管理的要求，比如饼干和肥皂、化学原料和药品，必须分开储放。

（4）储存条件对货物储存非常重要，例如，有些品项必须控制温度。

（5）保护重要物品。

定位储放具有以下优缺点。

优点：①每项货物都有固定的储放位置，拣货人员容易熟悉货品储位；②按产品的特性安排储位，将不同货物特性间的相互影响减至最小。③可针对各种货物按周转率大小（畅销程度）安排储位，以缩短出入库搬运距离。

缺点：储位划分必须按各项货品的最大在库量设计，因此储区空间平时的使用效率较低。

总之，定位储放容易管理，所使用的总搬运时间较少，但却占用较多的储存空间。此方法较适用于库房空间大和储放的商品量少而品种多的情况。

2. 随机储放

在这种储放方法下，货物的储存位置是随机指定的，而且可经常改变。也就是说，任何货物可以被存放在任何可利用的位置。货物一般是由储存人员按习惯来储放的，且通常可按货物入库的时间顺序储放于靠近出入口的储位。随机储放（如表 1 – 23 所示）具有以下优缺点。

优点：由于储位可共用，因此库容只需按所有库存货物最大在库量设计即可，储区空间的使用效率较高。

缺点：①货物的出入库管理及盘点工作的困难程度较高；②周转率高的货品可能被储放在离出入口较远的位置，增加了出入库的搬运距离；③具有相互影响特性的货品可能相邻储放，造成对货品的伤害或发生危险。

一个良好的储位系统中，采用随机储存能使货架空间得到最有效的利用，因此储位数目得以减少。有模拟研究显示出，随机储放与定位储放比较，可节省 35% 的移动储存时间，增加 30% 的储存空间，但较不利于货品的分拣作业。因此随机储放较适用于库房空间有限和储存物资种类少或体积较大的情况。

表 1－23 随机储放人工记录表

储位号码	储位空间		货物名称	货物代号	
存取日期	采购单号码	进货量	订单号码（拣货单号码）	拣取量	库存量

若能运用电脑协助随机储存的库存管理，将仓库中每项货物的储存位置交由电脑记录，则不仅进出货查询储区位置时可使用，也能借助电脑来调配进货储存的位置空间，依电脑所显示的各储区储位剩余空间来配合进货品项的安排，必要时也能调整货物储放位置。随机储放的电脑配合记录形式如表 1－24 所示。

表 1－24 随机储放电脑记录表

储位号码	储位空间	货物名称	货物代号	货物库存	储位剩余空间

货物储位的记录表需要根据进货、出货、退货的资料而随时调整。

3. 分类随机储放

每一类货物有固定存放的储区，但在各类储区内，每个储位的指派是随机的。分类随机储放的优缺点如下。

优点：具有分类储放的部分优点，又可节省储位数量，提高储区利用率。

缺点：货物出入库管理及盘点工作的困难程度较高。分类随机储放兼具分类储放及随机储放的特色，需要的储存空间量介于两者之间。

4. 分类储放

在这种储存方法下，所有的储存货品按照一定特性加以分类，每一类货物都有固定存放的位置，而同属一类的不同货物又按一定的规则来指派储位。分类储放通常按产品相关性、流动性、产品尺寸、重量、产品特性来分类。分类储放的优缺点如下。

优点：①具有定位储放的各项优点，便于周转率大的货物的存取；②各分类的储存区域可以根据货品特性重新设计，有助于货品的储存管理。

缺点：储位必须按各项货物最大在库量设计，因此储区空间的平均使用效率低。

分类储放较定位储放具有弹性，但也有与定位储放同样的缺点，因而较适用于以下货物：①相关性大，经常被同时订购的货物；②周转率差别大的货物；③尺寸相差大的货物。

5. 共同储放

在确定知道各货物的进出仓库时刻，不同的货物可共用相同储位的方式称为共同储放。共同储放在管理上虽然较复杂，但所占用的储存空间及搬运时间却更经济。

储存指派法则是随着储存策略而衍生出来的，大致有以下几点。

（1）可与随机储放策略、共用储放策略相配合。例如，靠近出口法则——将刚到达的商品指派到离出入口最近的空储位上。

（2）可与定位储放策略、分类（随机）储放策略相配合。例如，周转率基础法则——按照商品在仓库的周转率（销售量除以存货量）来排定储位。首先依商品的周转率由大自小排序，其次将其分为若干段，通常分为三至五段，同属于一段中的货品列为同一级，依照定位或分类储放法的原则，指定储存区域给每一级的货品，周转率越高应离出入口越近。又如产品相关性法则——商品相关性大的在订购时经常会被同时订购，所以应尽可能存放在相邻位置，以缩短拣取路程，使工作得以简化。再如，利用产品同一性法则、产品互补性法则等。

（3）先进先出法则。所谓先进先出，是指先保管的物品先出库之意。此原则，一般适用于寿命周期短的商品，例如：感光纸、软片、食品等。作为库存管理手段来考虑，先进先出是必需的，但是若存在产品形式变更少、产品寿命周期长及保管时减耗、破损不易产生等情况时，则要考虑先进先出的管理费用及采用先进先出所得到的利益，将两者之间的优劣点比较后，再来决定是否要采用先进先出原则。另外，对于食品或易腐货品，此时应考虑的是先到期先出货的原则。例如，进口货柜货物储放配销的情况，常会有先进货的反而保存期限较晚过期，而后进货的保存期限较短。所以，此时应以保存期限临近的货品先出库，且在保存期限剩下 2 ~3 个月的货品应考虑退货给原供应商或折价处理，以免后续发生过期退货或品质变质造成顾客抱怨，影响整个作业进行。

（4）商品特性法则。物品特性不仅涉及物品本身的危险及易腐性质，同时也可能影响其他的物品，因此在物流中心布置设计时必须要考虑。以下是四类货品的储存方法：

1）易燃物品的储存：需在具有高度防护作用的建筑物内安装适当防火设备的空间，最好是独立区隔放置。

2）易窃物品的储存：需装在有枷锁的笼、箱、柜或专库内。

3）易腐败物品的储存：需要储存在冷冻、冷藏或其他特殊的设备内，且以专人作业与保管。

4）易污损物品的储存：可使用专门的覆盖物（如塑料布、帆布套等）。

一般物品的储存，需要储存在干燥及管理良好的库房，以应对客户需要随时提取。另外，彼此易互相影响的货品应分开放置，如危险的化学药剂、清洁剂，亦应独立区隔放置，且作业时戴上安全护套。

步骤二　装卸搬运作业

搬运员把验收场地上经过点验合格的入库货物按每批入库单开制的数量和相同的品唛集中起来，分批送到预先安排的货位，要进一批、清一批，严格防止品唛互串和数量溢缺。

知识链接

装卸搬运作业的合理化措施

装卸搬运作业合理化的目标是防止和消除无效作业。所谓无效作业是指在装卸作业活动中超出必要的装卸、搬运量的作业。显然，防止和消除无效作业对装卸作业的经济效益有重要作用。为了有效地防止和消除无效作业，仓库可从以下几个方面入手。

1. 尽量减少装卸次数。做好作业前的准备，制定合理的作业方案，避免货物多次倒搬，使作业尽量一次到位。

2. 缩短搬运作业的距离。选择最短的路线完成这一活动，就可避免超越这一最短路线以上的无效劳动。

3. 提高库存物的装卸搬运活性指数。所谓物品装卸搬运活性指数是指库存物品便于装卸搬运作业的程度。装卸搬运活性指数根据库存物所处的状态，可分为5级，如表1－25所示。

表1－25　　物品装卸搬运活性指数说明

指数	指数说明
0	物品杂乱地堆在地面上的状态，其改进方式包括采用货箱、推车等存放物品
1	物品装箱或经捆扎后的状态，其改进方式包括采用叉车和动力搬动车
2	装在箱子里或被捆扎后的物品，下面放有托盘或其他衬垫，便于叉车或其他机械作业的状态，可采用单元化物品的连续装卸和运输
3	物品被放于台车上或用起重机吊钩钩住，即刻移动的状态，其改进方法包括选用拖车、机车车头拖挂的装卸搬运方式
4	被装卸、搬运的物品，已经被置于输送设备上，处于启动或直接作业的状态

从理论上讲，活性指数越高越好，但也必须考虑实施的可能性。例如，物品在储存阶段中，活性指数为4的输送带和活性指数为3的车辆，在一般的仓库中很少被采用，这是因为不可能把大批量的货物存放在输送带和车辆上。

4. 实现装卸作业的省力化。在装卸作业中应尽可能地利用重力的作用。在有条件的情况下利用重力进行装卸，可减轻劳动强度和能量的消耗。例如，将没有动力的小型运输带（板）斜放在货车、卡车或站台上进行装卸，使货物在倾斜的输送带（板）上移动。这种装卸是靠重力的水平分力完成的。在搬运作业中，不用手搬，而是把货物放在台车上，由器具承担物体的重量，人们只要克服滚动阻力，使物料水平移动，这无疑是十分省力的。

利用重力式移动货架也是一种利用重力进行省力化的装卸方式之一。重力式货架的每层格均有一定的倾斜度，利用货箱或托盘，货物可沿着倾斜的货架层板自己滑到输送机械上。为了使货物滑动的阻力更小，通常将货架表面均处理得十分光滑或者在货架层上装有滚轮，也有在货箱或托盘下装上滚轮，这样将滑动摩擦变为滚动摩擦，物品移动时所受到的阻力会更小。

步骤三　堆码作业

物品堆码是指根据物品的包装、外形、性质、特点、种类和数量，结合季节和气候情况，以及储存时间的长短，将物品按一定的规律码成各种形状的货垛。商品的堆垛一定要从保证商品安全和适应点验、复查出发，要规范化操作。在商品码托盘时应注意，商品标志必须朝上，商品摆放不超过托盘的宽度，商品每板高度不得超过规定高度，商品重量不得超过托盘规定的载重量。托盘上的商品尽量推放平稳，便于向高处叠放。每盘商品件数必须标明，上端用“行李松紧带”捆扎牢固，防止跌落。堆码的主要目的是便于对物品进行维护、查点以及提高仓库利用率。

知识链接

堆码的基本原则和操作要求

1. 堆码的基本原则

(1) 分类存放。分类存放是仓库储存规划的基本要求，是保证物品质量的重要手段，因此也是堆码需要遵循的基本原则。

1) 不同类别的物品分类存放，甚至需要分区分库存放；

2) 不同规格、不同批次的物品也要分位、分堆存放；

3) 残损物品要与原货分开；

4) 对于需要分拣的物品，在分拣之后，应分位存放，以免混串。

此外，分类存放还包括不同流向物品、不同经营方式物品的分类分存。

(2) 选择适当的装卸搬运活性。为了减少作业时间、次数，提高仓库物流速度，应该根据物品作业的要求，合理选择物品的装卸搬运活性。对装卸搬运活性高的入库存放物品，也应注意摆放整齐，以免堵塞通道、浪费仓容。

(3) 面向通道，不围不堵。首先，货垛以及存放物品的正面，尽可能面向通道，以便察看；其次，所有物品的货垛、货位都应有一面与通道相连，处在通道旁，以便能对物品进行直接作业。只有在所有的货位都与同道相同时，才能保证不围不堵。

2. 商品堆码操作要求

(1) 牢固。操作工人必须严格遵守安全操作规程，防止建筑物超过安全负荷量。码垛必须不偏不斜，不歪不倒，牢固坚实，与屋顶、梁柱、墙壁保持一定的距离，确保堆垛的安全和牢固。

(2) 合理。不同商品其性能、规格、尺寸不相同，应采用各种不同的垛形。不同品种、产地、等级、批次、单价的商品，应分开堆码，以便收发、保管。货垛的高度要适度，不能压坏底层商品和地坪，并与屋顶、照明灯保持一定距离为宜；货垛的间距、走道的宽度、货垛与墙面、梁柱的距离等，都要合理、适度。垛距一般为0.5~0.8m，主要通道为2.5~4m。

(3) 整齐。货垛应按一定的规格、尺寸叠放，排列整齐、规范。商品包装标识应一律向外，便于查找。

(4) 定量。商品储存量不应超过仓储定额，即应储存在仓库的有效面积、地坪承压能力和可用高度允许的范围内。同时，应尽量采用“五五化”堆码方法，便于记数和盘点。

(5) 节约。堆垛时应注意节省空间位置，适当、合理地安排货位的使用，提高仓容利用率。

(一) 堆垛设计

为了达到堆码的基本要求，必须根据保管场所的实际情况、物品本身的特点、装卸搬运条件和技术作业过程的要求，对物品堆垛进行总体设计。设计的内容包括垛基、垛形、货垛参数、堆码方式、货垛苫盖、货垛加固等。

1. 垛基

垛基是货垛的基础，其主要作用是：承受整个货垛的重量，将物品的垂直压力传递给地基；将物品与地面隔开，起防水、防潮和通风的作用；垛基空间为搬运作业提供方便条件。因此，对垛基的基本要求是：将整垛货物的重量均匀地传递给地坪；保证良好的防潮和通风；保证垛基上存放的物品不发生变形。

2. 垛形

垛形是指货垛的外部轮廓形状。按坪底的平面形状可以分为矩形、正方形、三角形、圆形、环形等。按货垛立面的形状可以分为矩形、正方形、三角形、梯形、半圆形，另外还可组成矩形—三角形、矩形—梯形、矩形—半圆形等复合形状，如图 1 – 41 所示。

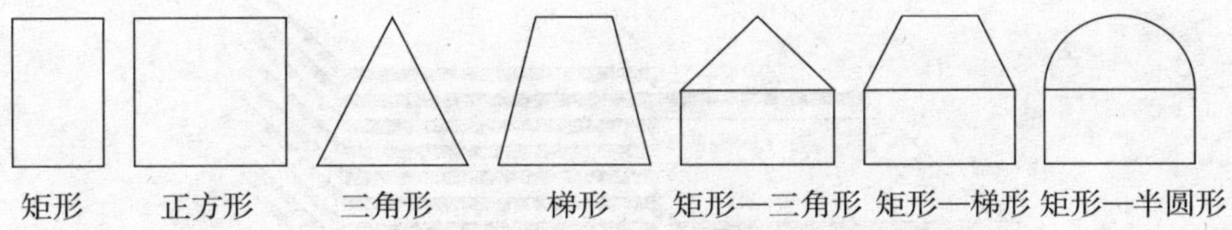

图 1 – 41　货垛立面示意

不同立面的货垛都有各自的特点。矩形、正方形垛易于堆码，便于盘点计数，库容整齐，但随着堆码高度的增加货垛稳定性就会下降。梯形、三角形和半圆形垛的稳定性好，便于苫盖，但是不便于盘点计数，也不利于仓库空间的利用。矩形—三角形等复合货垛恰好可以整合它们的优势，尤其是在露天存放的情况下更须加以考虑。

3. 货垛参数

货垛参数是指货垛的长、宽、高，即货垛的外形尺寸。

通常情况下，需要首先确定货垛的长度，例如，长形材料的尺寸长度就是其货垛的长度，包装成件物品的垛长应为包装长度或宽度的整数倍。货垛的宽度应根据库存物品的性质、要求的保管条件、搬运方式、数量多少以及收发制度等确定，一般多以两个或五个单位包装为货垛宽度。货垛高度主要根据库房高度、地坪承载能力、物品本身和包装物的耐压能力、装卸搬运设备的类型和技术性能以及物品的理化性质等来确定。在条件允许的情况下应尽量提高货垛的高度，以提高仓库的空间利用率。

4. 堆码的基本方式

（1）散堆方式。散堆法适用于露天存放的没有包装的大宗物品，如煤炭、矿石等，也可适用于库内少量存放的谷物、碎料等散装物品。

散堆法是用堆扬机或者铲车在确定的货位后端，直接将物品堆高，在达到预定的货垛高度时，逐步后推堆货，后端先形成立体梯形，最后成垛。由于散货具有流动性、散落性，堆货时不能堆到太近垛位四边，以免散落使物品超出预定的货位。

（2）货架方式。货架是用支架、隔板或托架组成的立体储存商品的设施。货架储存可充分利用仓库空间，提高仓容利用率，扩大仓库储存能力。采用货架存放，商品互不挤压，可以保证商品本身的性能，提高存储货物的质量。这种方法一般适用于小件、品种规格繁多、包装简易、不便堆垛的货物。

（3）堆垛方式。堆垛储存主要针对有包装的商品和裸装的计件货物。该方法能够提高仓容利用率。根据商品的基本性能、外形等的不同，配送中心仓库储存商品常见的堆垛方式包括重叠式、纵横交错式、仰伏相间式、压缝式、通风式、栽柱式、衬垫式等。

1）重叠式。重叠式也称直堆法，是按入库货物数量，视单位仓容定额，确定堆高层数，确定底层的踩脚件数，然后逐件、逐层向上重叠堆码，一件压一件的堆码方式。为了保证货垛稳定性，在一定层数后改变方向继续向上，或者长宽各减少一件继续向上堆放。该方法方便作业、计数，但稳定性较差。如堆码板材时，可逢十行交错，以便记数，如图1－42所示。

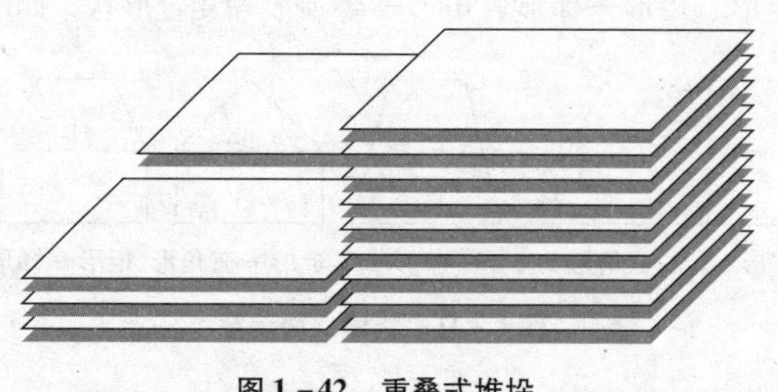

图1－42　重叠式堆垛

2）压缝式。将底层并排摆放，上层放在下层的两件货物之间。如果每层货物都不改变方向，则形成梯形形状；如果每层都改变方向，则类似于纵横交错型。按上下层件数的关系分为“2顶1”、“3顶2”、“4顶1”、“5顶3”等，如图1－43所示。

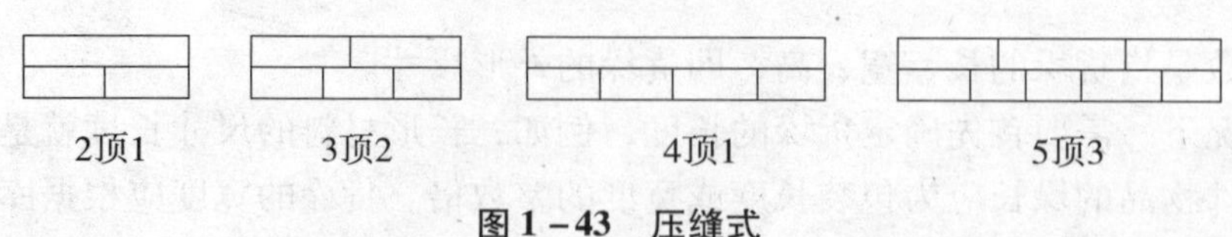

图1－43　压缝式

3）仰伏相间式。对上下两面有大小差别或凹凸的物品，如槽钢、钢轨等，将物品仰放一层，在反一面伏放一层，仰伏相向相扣。该垛极为稳定，但操作不便，如图1－44所示。

4）纵横交错式。纵横交错式是指每层物品都改变方向向上堆放，适用于管材、捆装、

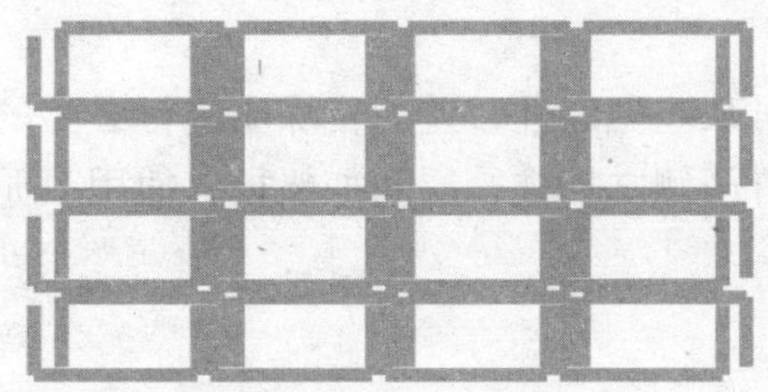

图 1-44　仰伏相间式

长箱装物品等，该垛极为稳定，但操作不便。在仓库等比较宽敞的地方，为增强堆码的稳定性可采用纵横交错式来堆码；用小型货车来运输货物时，若四周的围栏较矮，也可以考虑用纵横交错式来装运，以增强稳定性。

5）通风式。物品在堆码时，每件相邻的物品之间都留有空隙，以便通风。层与层之间采用压缝式或者纵横交叉式。此法适用于需要通风量较大的货物堆垛。

6）栽柱式。码放物品前先在堆垛两侧栽上木桩或者铁棒，然后将物品平码在桩柱之间，几层后用铁丝将相对两边的柱拴连，在往上摆放物品。此法适用于棒材、管材等长条状物品。

7）衬垫式。码垛时，隔层或隔几层铺放衬垫物，衬垫物平整牢靠后，再往上码。适用于不规则且较重的物品，如无包装电机、水泵等。

8）“五五化”堆垛。“五五化”堆垛就是以五为基本计算单位，堆码成各种总数为五的倍数的货垛，以五或五的倍数在固定区域内堆放，使货物“五五成行、五五成方、五五成包、五五成堆、五五成层”，堆放整齐，上下垂直，过目知数。便于货物的数量控制、清点盘存。

（4）托盘堆垛。托盘堆垛的特点是商品直接在托盘上存放。商品从装卸、搬运入库，直到出库运输，始终不离托盘，这就可以大大提高机械作业的效率，减少搬倒次数。托盘使堆垛的运用范围很广，包装整齐又不怕压的商品可以使用平托盘；散装或零星商品可以使用箱式托盘；怕压或形状不规则的商品，为了增加堆码高度，可以使用立柱托盘。堆码时四根立柱不但承受了上部重量，而且大大增加了稳定性。这种堆垛方式完全采用叉车作业，不需人力，但托盘上的物品必须堆码平整，让上面的托盘能平稳放置，如图 1-45 所示。

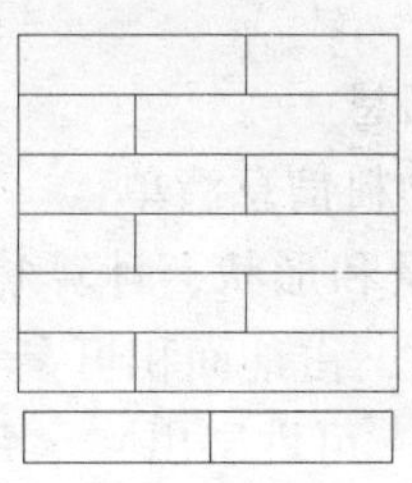

图 1-45　托盘堆垛

5. 货垛苫盖

苫盖是指采用专用苫盖材料对货垛进行遮盖，以减少自然环境中的阳光、雨雪、刮风、尘土等对物品的侵蚀、损害，并使物品由于自身理化性质所造成的自然损耗尽可能地减少，以保护物品存储期内的质量。

6. 货垛加固

为了防止货垛倒塌，对某些稳定性较差的货垛应进行必要的加固，加固是为了增加料垛的整体性，常用的方法有两侧立挡柱，层间加垫板，使用U形架、两侧加楔形木，使用钢丝拉连等。

知识链接

苫盖的基本要求

(1) 选择合适的苫盖材料。选用防火、无害的安全苫盖材料；苫盖材料不会对物品产生不良影响；成本低廉，不易损坏，能重复使用，没有破损和霉变。

(2) 苫盖牢固。每张苫盖材料都需要固定牢固，必要时在苫盖物外用绳索、绳网绑扎或者用重物覆盖。

(3) 苫盖的接口要有一定深度的互相叠盖，不能迎风叠口或留空隙，苫盖必须拉挺、平整，不得有折叠和凹陷，防止积水。

(4) 苫盖的底部与垫垛齐平，不腾空或拖地，并牢固地绑扎在垫垛外侧或地面的绳桩上，衬垫材料不露出垛外，以防雨水顺延渗入垛内。

(5) 使用旧的苫盖物或在雨水丰沛季节，垛顶或者风口需要加层苫盖，确保雨淋不透。

（二）堆码作业操作

1. 货物正式堆垛时，必须具备的条件。

(1) 商品的数量、质量已经彻底查清。

(2) 包装完好，标志清楚。

(3) 外表的沾污、尘土等已经清除，不影响商品质量。

(4) 受潮、锈蚀以及已经发生某些质量变化或质量不合格的部分，已经加工恢复或者已经剔出另行处理，与合格品不相混杂。

(5) 为便于机械化操作，可集中装箱的已经装入合用的包装箱。

2. 堆垛前的准备工作

(1) 仓库信息员接受入库物料信息。

(2) 仓库信息员打印或者填写物料信息清单。

(3) 按进货的数量、体积、重量和形状，计算货垛的占地面积、垛高以及计划好垛形。对于箱装、规格整齐划一的商品，占地面积可参考下面公式计算：

$$占地面积 = （总件数 \div 可堆层出）\times 每件商品底面积（m^2）$$

$$可堆层数 = 地坪单位面积最高负荷量 \div 单位面积重量（层）$$

$$单位面积重量 = 每件商品毛重 \div 该件商品的底面积$$

$$垛高 = 可堆层数 \times 每件商品高度$$

在计算占地面积，确定垛高时，必须注意上层商品的重量不超过底层商品或其容器可负担的压力。整个货垛的压力不能超过地坪的容许载荷量。

(4) 做好机械、人力、材料准备。垛底应该打扫干净，放上必备的垫墩、垫木等垫垛

材料，如果需要密封货垛，还需要准备密封货垛的材料等。

3. 实施堆码作业

仓库管理员按照仓库主管要求进行货物堆垛。

货垛“五距”要求

货垛“五距”应符合安全规范要求。货垛的“五距”指的是垛距、墙距、柱距、顶距和灯距。堆垛货垛时，不能依墙、靠柱、碰顶、贴灯；不能紧挨旁边的货垛，必须留有一定的间距。无论采用哪一种垛型，房内必须留出相应的走道，方便商品的进出和消防用途。

(1) 垛距。货垛与货垛之间的必要距离，称为垛距，常以支道作为垛距。垛距能方便存取作业，起通风、散热的作用，方便消防工作。库房垛距一般为0.3～0.5m，货场垛距一般不少于0.5m。

(2) 墙距。为了防止库房墙壁和货场围墙上的潮气对商品的影响，也为了散热通风、消防工作、建筑安全、收发作业，货垛必须留有墙距。墙距可分为库房墙距和货场墙距，其中，库房墙距又分为内墙距和外墙距。内墙距是指货物离没有窗户墙体的距离，此处潮气相对少些，一般距离为0.1～0.3m；外墙距是指货物离有窗户墙体的距离，这里湿度相对大些，一般距离为0.1～0.5m。

(3) 柱距。为了防止库房柱子的潮气影响货物，也为了保护仓库建筑物的安全，必须留有柱距。柱距一般为0.1～0.3m。

(4) 顶距。货垛堆放的最大高度与库房、货棚屋顶横梁间的距离，称为顶距。顶距能便于装卸搬运作业，能通风散热，有利于消防工作，有利于收发、查点。顶距一般为0.5～0.9m，具体视情况而定。

(5) 灯距。货垛与照明灯之间的必要距离，称为灯距。为了确保储存商品的安全，防止照明灯发出的热量引起靠近商品燃烧而发生火灾，货垛必须留有足够的安全灯距。灯距按规定应有不少于0.5m的安全距离。

步骤四　清理现场

对入库作业的现场进行及时清理，包括设备归位和卫生清洁。

5S管理

5S管理就是整理（Seiri）、整顿（Seiton）、清扫（Seiso）、清洁（Setketsu）、素养（Shitsuke）五个项目，因日语的罗马拼音均以“S”开头而简称5S管理。5S管理起源于日本，通过规范现场、现物，营造一目了然的工作环境，培养员工良好的工作习惯，其最终目的是提升人的品质，养成良好的工作习惯。

(1) 革除马虎之心，凡事认真（认认真真地对待工作中的每一件“小事”）。

(2) 遵守规定。

(3) 自觉维护工作环境整洁明了。

(4) 文明礼貌。

步骤五 检查作业

(一) 日常检查

1. 检查方式

(1) 巡视，定时巡回查看。

(2) 目视检查，用眼睛观察确认。

2. 检查频率

(1) 每一班一次。

(2) 夜班也不能例外。

3. 检查项目及内容

(1) 库房清洁，库房内外是否清洁卫生，库房是否漏水，场地是否积水。

(2) 作业通道，作业通道上是否有障碍物。

(3) 货物状态

1) 货物的摆放状态，如是否东倒西歪。

2) 货物的质量状态，如有否受潮、污染、锈蚀、发霉、干裂、虫蛀、鼠咬，甚至变质等。

3) 目测货物的数量状态，观察数量是否准确。

4) 检查货物的期限状态，如有无超过保管期限和长期积压的情况。

4. 库房温度

选择使用普通温度计、最高温度计或最低温度计测量库房温度，检查温度是否符合要求。

5. 相对湿度

选择使用干湿球温度计、毛发湿度计或自记湿度计测量库房温度，检查湿度是否符合要求。

6. 库房照明

照明是否能够满足仓库作业的要求，照明设施有否损坏等。

7. 用具管理

仓库的各项设备，如起重设备、叉车、货架、托盘等是否完好，设备养护是否合理；检查计量工具是否准确；检查通风机械是否正常等。

8. 消防通道

消防通道上是否有障碍物，是否通畅。

9. 库房门窗

(1) 门、窗有否破损，门窗通风是否良好等。

(2) 门、窗锁是否有效，防盗方面是否有其他隐患。

10. 标志标识

检查货位、货架的标识是否清楚明白；检查货物账卡的记载是否准确，核对账、卡、物是否一致等。

11. 员工出勤

库房工作人员是否按时出勤，着装是否符合工作要求。

12. 防盗措施与安全防护

检查各种安全措施是否落实到位，防火防盗的设备及器材和报警装置是否符合安全要求等。

（二）定期检查

根据季节的变化进行检查。

1. 暑热季节到来前，对怕热商品的防热措施的重点检查。
2. 寒冬季节到来前，对防寒措施的重点检查。
3. 节假日前，组织安全措施的检查。

（三）临时性检查

有灾害性气象预报时，或工作中发现问题时进行的临时检查（仓库检查记录如表1－26、表1－27所示）。在暴风雨、台风天气到来前，检查建筑物是否能承受风雨袭击，避雷设施是否完好，排水设施是否通畅等，露天货场苫盖是否严密牢固，风雨过后检查有无损失等。

表1－26　　仓库检查日志

序号	检查项目	月 日	月 日	月 日	月 日	月 日	月 日	月 日
		星期一	星期二	星期三	星期四	星期五	星期六	星期天
1								
2								
3								
4								
5								
6								
7								
8								
9								
10								
11								
12								
检查人签字								

备注：自行确定检查项目，检查项目正常者在相应栏打“√”，若有问题，在相应栏中如实填写。

表 1－27　　仓库检查记录表

序号	检查项目	月　日	月　日	月　日	月　日	月　日	月　日	月　日
		星期一	星期二	星期三	星期四	星期五	星期六	星期天
1	库房清洁							
2	作业通道							
3	货物状态							
4	库房温度							
5	相对湿度							
6	库房照明							
7	用具管理							
8	消防通道							
9	库房门窗							
10	防盗措施							
11	标志标识							
12	员工出勤							
13	安全防护							
检查人签字								

步骤六　盘点作业

在配送中心里，由于货物的不断进库和出库，在长期积累下理论库存数与实际库存数有可能不相符；也可能某些货物由于存放过久、养护不当，导致质量受到影响，难以满足用户需要。为了有效地控制和掌握货物的数量和质量，必须定期或不定期地对所储存的商品进行清点、查核，这一作业过程称之为盘点作业。盘点作业步骤如图 1－46 所示。

（一）盘点前的准备

盘点作业的事先准备工作是否充分，关系到盘点作业进行的顺利程度，为了使盘点能在短时间内，利用有限的人力达到迅速准确的目标，事先的准备工作内容如下。

1. 明确建立盘点的具体方法和作业程序。
2. 配合财务会计做好准备。
3. 设计打印盘点用表单，“盘点单”格式如表 1－28 所示。
4. 准备盘点用基本工具。

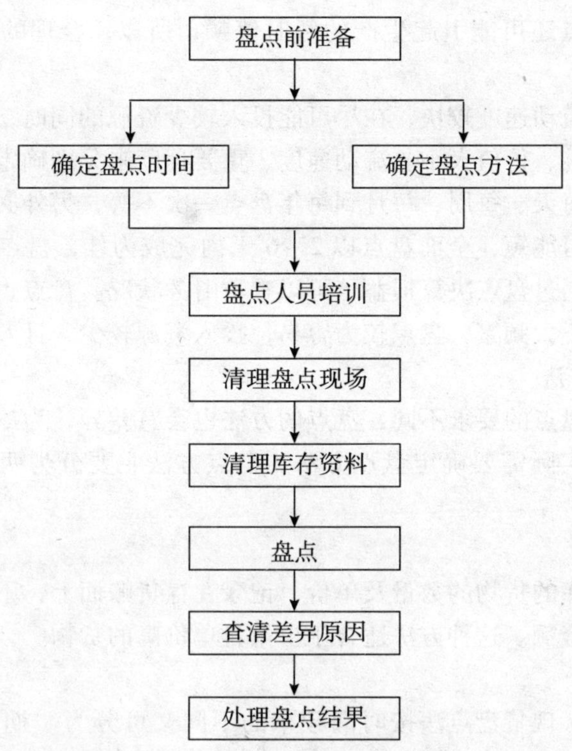

图 1－46 盘点作业基本步骤

表 1－28 **盘存单**

编号： 盘点日期：

货物编号	货物名称	货物规格	单位	账面数量	盘点数量	复盘数量	盘点人	复盘人

（二）确定盘点时间

一般来说为保证账务相符，货物盘点次数越多越好，但盘点需投入人力、物力、财力，有时大型全面盘点还可能引起生产的暂时停顿，所以，合理的确定盘点时间非常有必要。

配送中心商品的流动速度较快，在尽可能投入较少资源的同时，要加强库存控制。可以根据商品的不同特性、价值大小、流动速度、重要程度来分别确定不同的盘点时间，盘点时间的间隔可以从每天、每周、每月到每年盘点一次不等。另外必须注意的问题是，每次盘点持续的时间尽可能短，全面盘点以2～6天内完成为佳，盘点的日期一般会选择在财务决算前夕，这样通过盘点决算损益，可以查清财务状况。盘点也可以在淡季进行，因淡季储货较少，业务不太频繁，盘点较为容易，投入资源较少，且人力调动也较为方便。

（三）确定盘点方法

因为不同现场对盘点的要求不同，盘点的方法也会有差异，为尽可能快速准确地完成盘点作业，必须根据实际需要确定盘点方法。盘点方法主要分为两种：账面盘点和现货盘点。

1. 账面盘点

把每天入库及出库的货物的数量及单价，记录在存货账面上，不断地累计汇总算出账面上的库存量及库存金额。这种方法适合于少量且单价高的货物。

2. 现货盘点

又称为实地盘点，现货盘点法按时间频率的不同又可分为“期末盘点”及“循环盘点”。

（1）期末盘点是对储存保管的全部在库货物，不论是否有出入动态，全部进行盘点清查。通常用于清仓查库或年终盘点。这种方法的工作量大，检查的内容多，有时还需关闭仓库，以防止和减少盘点中的混乱与疏漏。

（2）循环盘点法是将每天或每周当做一个周期来盘点，通常是对价值高或重要的货物进行盘点。因此，货物应按其重要程度科学地分类，对重要的货物进行重要管理，加强盘点，防止出现差错。这种方法在一个循环周期内将每种货物至少清点一次，有利于节约人力，经济方便。

（四）盘点人员的组织与培训

为使盘点工作得以顺利进行，盘点时必须增派人员协助进行，由各部门增援的人员必须组织化，并且施以短期训练，使每位参与盘点的人员充分发挥其作用。人员的培训分为两部分：第一针对所有人员进行盘点方法训练；第二针对复盘与监盘人员进行认识货品的训练。

（五）清理盘点现场

盘点现场也就是仓库或配送中心的保管现场，盘点作业开始之前必须对其进行整理，以提高盘点作业的效率和盘点结果的准确性。清理作业主要包括以下几方面的内容。

（1）盘点前对已验收入库的商品进行整理归入储位，对未验收入库属于供应商的商品，应区分清楚，避免混淆。

（2）储存场所在关闭前应通知各需求部门预领所需的物品。

（3）储存场所整理整顿完成，以便计数盘点。

（4）预先鉴定呆料、废品、不良品，以便盘点。

(5) 账卡、单据、资料均应整理后加以结清。

(6) 储存场所的管理人员在盘点前应自行预盘。

(六) 盘点

盘点时可以采用人工抄表计数，也可以用电子盘点计数器。盘点工作不仅工作量大，而且非常烦琐，因此，除了加强盘点前的培训工作外，盘点作业时的指导与监督也非常重要，如表 1－29 所示。具体盘点作业的内容有以下几方面。

1. 查数量

通过点数计数查明在库物品的实际数量，核对库存账面资料与实际库存数量是否一致。

2. 查质量

检查在库物品质量有无变化，有无超过有效期和保质期，有无长期积压等现象，必要时还必须对其进行技术检验。

3. 查保管条件

检查保管条件是否与各种物品的保管要求相符合。如堆码是否合理稳固，库内温度是否符合要求，各类计量器具是否准确等。

4. 查安全

检查各种安全措施和消防设备、器材是否符合安全要求，建筑物和设备是否处于安全状态。

表 1－29　　**盘点卡**

卡号：　　　　盘点日期：

品名		规格			
编号		单位			
储放位置		货架号			
账面数量		实盘数量		差异	
说明					
复盘人					
盘点人					

(七) 盘点结果的处理

通过盘点落实货物出入库及保管情况，从而了解问题的所在，解决导致在库存货出现盈亏的问题。

1. 查找盘点差异的原因

当盘点结束后，发现所得数据与账簿资料不符时，应追查差异的主因，着手查找原因的方向有：

(1) 记账员素质不高，登录数据时发生错登、漏登等情况。

（2）账务处理系统管理制度和流程不完善，导致数据出错。

（3）盘点前数据资料未结清，使账面数不准确。

（4）因气候或温、湿度影响而发生腐蚀、硬化、变质、生锈、发霉等导致货物失去原有使用价值而发生数量短缺。

（5）衡器、量具不准或使用方法不当引起数量错误。

（6）是否产生漏盘、重盘、错盘现象，盘点结果出现错误等情况。

2. 盘点后出现问题的处理

（1）盘点后出现盈亏的处理。发生盈亏的原因查清之后，要研究处理方法，并及时办理调整货物账卡的手续，使实物、账、卡均相符，如表1－30所示。

表1－30　　盘点盈亏汇总表

年　月　日

品名	规格	账面资料		实盘资料		盘盈		盘亏		差异原因	对策
		数量	金额	数量	金额	数量	金额	数量	金额		

总经理		财务部经理		仓储部经理		制表人	

备注：第一联是仓库依据此单登记卡片，第二联是财务账联。

（2）积压货物与废旧货物的处理。积压货物是指配送中心不需要或不对路的货物，或已过时被淘汰的货物。废旧货物是指已完全失去使用价值的货物。对于保管期过长、长期呆滞的积压货物，可采取降价出售或与其他企业联系调剂等。对于废旧货物应报经批准，尽早报废处理。这对于改善流动资金结构和加速其周转期具有重要意义（如表1－31、表1－32所示）。

表 1－31　　呆废料物资库存月报表

存货单位：　　　　　　日期：20　　年　　月　　日

物资编码	品名	规格	入库日期	单位	发生		本月处理数据	本月结存数量
					数量	日期		

审核：　　　　　　制表人：

表 1－32　　报损申请单

日期：20　　年　　月　　日　　　　　　报损仓库：

物资编码	品名	规格	数量	原因说明	拟处理方式

储存环节应注意的问题

在配送中心设置库存的目的是暂存货物，以便更快更好地满足客户的订货需求。在库存环节应妥善规划与管理库存货物的储位，以求提高储存系统的经济性和运行效率。

（1）分区分类、合理存放。在货物入库时，应根据库存物品的不同品种、规格、特点、要求和周期频率，合理划分保管区，要固定仓位、统一编号，把库存商品按储存区域、地点排列位置，采用统一标记、顺序编号，并绘制仓位布置平面图，便于配送中心作业的顺利开展。

以货品的特性分类，要考虑温湿度条件的差异，如冷冻、冷藏、恒温恒湿、通风等；产品功能，如食品、家用品、设备、工业品等；化学特性，如挥发性、易燃性、毒性等；储存容器，如箱装、袋装、桶装、散装等；货品价值，如贵重物品、机密性物品等；重量轻重，如泡货等。

具备良好的保管作业条件，尽量降低仓储和搬运成本；改善库内作业环境；缩短物品移动距离；确保物品进出库动线顺畅；减少物品受损的可能机会；提高仓储空间的周转能力；有利于物品的安全保管（包括防盗）；有拓展调整的余地。

（2）组织、安排合理的储存，确保储存量、商品的库存结构、储存时间和储存网络的合理性，以减少储存环节的资金积压，缩短商品在流通领域的停滞时间，降低保管费等网络费用，减少不必要的中转环节。

（3）做好商品的养护工作。例如，防虫、防霉变、防燃烧爆炸等，特别是食品的日期管理、温度、湿度管理。

（4）要做好库存商品的催销情况分析。

1）每月按规定填写久储未动造成积压的商品目录《久储未动商品催销表》。

2）每月按规定填写出货量小、库存量大的商品目录《商品催退表》。

3）每月认真填写自入库后从未出库的商品目录《商品催认表》。

任务实施

一、实施工具

蓝笔、红笔、模拟货物、纸、计量检验设备、打印机、叉车、托盘等工具。

二、实施方法

1. 采用项目教学法

将货物储存作为一个项目，学生按照资讯——计划——实施——检查评估来完成项目，在老师指导下制订方案、实施方案、最终评估。

2. 模拟实训教学法

本情境教学地点可设置在校外实习基地的配送中心，也可以设在学校具有配送、仓储功能的生产性教学化的实训室。教学场所（实训室）要求具有一些货物信息，可准备若干纸箱代表货物，并在纸箱上标明货物的名称、批次等信息。将学生以 5 ~ 6 人为一个小组划分，每个小组定一名组长，以组为单位讨论。每个小组成员的具体分工是：入库管理员 1 人、制单员 1 人、搬运员 1 人、盘点员 1 人、复核员 1 人，不同的小组在不同的指定区域内作业。每组的每位学生都要明确自己的角色，并熟悉各个角色的工作职责，能够互相配合完成一次储存作业流程。

三、实施步骤

步骤一：安排储位
步骤二：装卸搬运作业
步骤三：堆码作业
步骤四：清理现场
步骤五：检查作业
步骤六：盘点作业

归纳总结

本项目主要介绍备货即准备货物的系列活动。严格来讲，备货工作应当包括三项具体活动：订单处理、进货作业及储存作业。它是决定配送成败与否、规模大小的最基础环节。

通过本项目的学习，学生可以掌握订单管理的流程，会进行订单分类整理；掌握进货准备具体内容和储存过程，能够根据订单种类及客户优先级建立客户档案；学生还能够根据存放货物的类型进行货物的储位分配，选择合适的配送设备，使学生达到配送主管的基本技能要求，使之成为合格的配送主管，从而能够对在库物品进行合理安排。如果备货不及时或不合理，成本较高，会大大降低配送的整体效益。

思考与训练

1. 订单处理的操作流程有哪些？
2. 订单有哪些形式？
3. 进货作业有哪些流程？
4. 如何制订进货作业计划？
5. 货物的验收作业内容是什么？
6. 货物的编号方法包括哪些？
7. 按照所给元素将下列流程排序。

（1）流程排序（配送中心订单处理）。利用下列元素（接到订单、存货查询、客户及订单资料的确认、单据处理、出货配发）来完成配送中心订单处理作业流程的排序。

（2）流程排序（一般配送中心作业流程）。利用下列元素（拣货、配货、出货、加工、订单处理）完成一般配送中心作业的业务流程排序。

（3）流程排序（货物验收入库）。利用下列元素（入库登记，入库准备，点收和检验，装卸、搬运、堆垛，建立货物档案）完成货物验收入库流程的排序。

8. 如下所示，仓库接收了一批分属不同客户的货品，要求按一定规则对这些物品合理进行储位分配，使得能根据货号准确找到商品，请问该如何分配？

货物名称	外包装种类	数量	细数（个/箱）	外包装尺寸（cm）	批次	客户
康师傅红烧牛肉面	箱	5	36	50×30×20	07060530311614	物美集团
康师傅西红柿牛腩面	箱	5	36	50×30×20	07060330311614	
达能闲趣饼干	箱	6	50	45×25×20	07061722334533	
NOKIA 5300	箱	2	6	60×30×25	07031578784848	星亚公司
NOKIA N73	箱	2	6	60×30×25	07032787848854	
60ml 高夫经典古龙香水	箱	2	18	30×25×20	07041115487844	永辉集团
80g 美加净护手霜	箱	1	32	30×25×20	07041198885488	
五谷道场庖丁鲜蔬面	箱	5	36	50×30×20	07060454878484	
五谷道场香辣牛肉面	箱	10	36	50×30×20	07060454878477	

项目二　理货

知识目标

1. 了解拣货单的生成、补货、加工和配货的含义和目的。
2. 了解补货系统订货数量确定的方法。
3. 了解配送加工的目的及意义。
4. 掌握拣货的几种重要方法。
5. 掌握经济订货批量的计算。
6. 掌握两种不同货物的合理配载计算。

能力目标

1. 熟悉拣货、补货作业、流通加工和配货作业所需的岗位、人员、记录以及信息单证和实务的流转过程。
2. 会填制拣货、补货、配货作业流程所需的单证。
3. 能选取确定最佳订货点。
4. 会选取简单配送加工材料及设备。
5. 能够与客户进行正确的沟通和货物交接，确保配送中心拣货和配货及补货有序、准确、准时，提高客户的满意度，并能够保证突发问题被及时、顺利解决。
6. 能正确选择、使用、保养理货中所使用的各种设施设备，从而掌握这些设备的性能、使用方法和操作注意事项。

任务导入

哈尔滨惠通物流有限公司配送中心接到客户哈尔滨世纪联华胜达店和哈尔滨世纪联华顾乡店的订单，配送中心内部资料各客户店面名称及具体位置和主要物流货品样表如表2－1、表2－2所示。

表2－1　　各客户店面名称及具体位置

序号	店铺名称	店铺地址
1	世纪联华胜达店	哈尔滨市道里区地段街93号
2	世纪联华顾乡店	哈尔滨市道里顾乡大街98号

表 2-2　　主要物流货品样

品类	货品名称	客户简称	SKU 包装单位	包装单位和包装明细	安全库存（箱）	现有库存情况（箱）
袋装食品类	康师傅红烧牛肉面	联华	袋	20 袋/箱	50	70
	康师傅西红柿牛腩面	联华	袋	20 袋/箱	50	70
	奥利奥巧克力味饼干	联华	袋	12 袋/箱	30	80
	完达山鲜奶	联华	盒	12 盒/箱	100	150

1）2013 年 11 月 4 日上午 10：00 接到世纪联华胜达店订单，要求 11 月 5 日上午 9：30之前为其配送 10 箱康师傅西红柿牛腩面和 10 箱奥利奥巧克力味饼干。

2）2013 年 11 月 4 日 11：00 接到世纪联华顾乡店订单，要求 11 月 6 日为其配送 100 袋康师傅西红柿牛腩面和 10 箱奥利奥巧克力味饼干和完达山鲜奶 100 箱。

配送中心人员在备货的基础上发现康师傅西红柿牛腩面和完达山鲜奶不足，为了保障货物正常出库，所以需要进行拣货、补货和配货等作业流程。

依据以上资料，为了保障货物正常出库，请思考以下问题。

1. 配送中心根据客户需求，如何组织拣货作业？
2. 配送中心根据客户需求，如何组织补货作业？
3. 配送中心根据客户需求，如何组织配送加工作业？
4. 配送中心根据客户需求，如何组织配货作业？

任务一　拣货作业

任务描述

拣货作业是按照订单将不同种类、数量的商品由物流中心取出后集中在一起。企业接收订货后，快速而高效地完成拣货作业，缩短供货期，不仅能提高作业效率，而且从对客户服务的角度而言，也是非常重要的。哈尔滨惠通物流有限公司接到客户哈尔滨世纪联华胜达店和哈尔滨世纪联华顾乡店的订单后，作为该公司的拣货员，你如何组织拣货？

知识准备

拣货作业是配送作业的中心环节，有人称之为物流配送中心的“心脏”，可见其重要性。所谓拣货作业，就是配送中心依据顾客的订货要求或配送中心的作业计划，尽可能迅速、准确地将商品从其储位或其他区域拣取出来，并发放在指定位置的物流作业活

动过程。经过实践证明，物流成本占商品最终售价的30%，而拣货成本占物流总成本的大部分，所以要降低物流成本，应从拣货开始改进。拣货作业系统的重要组成元素包括拣货单位、拣货方式、拣货策略、拣货信息、拣货设备等。拣货作业的基本流程如图2-1所示。

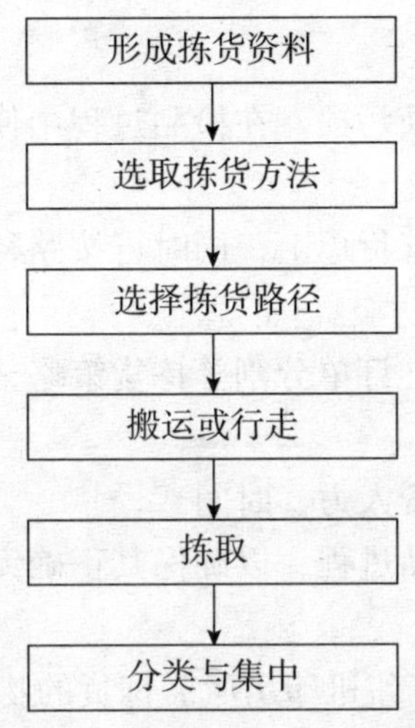

图2-1　拣货作业的基本流程

步骤一　形成拣货资料

拣货作业开始前，首先要处理拣货指示信息。拣货信息是拣选作业的原动力，主要目的在于指示如何拣货，其生产数据产生于客户的订单，为了使拣货员在既定的拣货方式下正确而迅速地完成拣货，拣货信息成为拣货作业规划设计中重要的一环。常见的拣货信息有传票、拣货单、贴标签、显示方式、条码、资料传递器、无线通信、计算机随行指示、自动拣货系统等。使用单据、计算机、条码及一些自动传输的无纸化系统的传递方式来辅助拣货系统。

（一）传票

传票即直接利用客户的订单（分页、复印件或影印本）或以公司的交货单来作为拣货指示凭据。其优点在于，使用传票无须再利用计算机等设备处理拣货信息，适用于订购品种数较少或小批量订单的情况。但使用传票也存在这样或那样的不足。其缺点主要表现在：

（1）此类传票容易在拣货过程中受污损，或因存货不足、缺货等注记直接写在传票上，导致作业过程发生错误，甚至无法辨别确认。

（2）未标示储位的产品，必须依靠拣货员的记忆在储区中寻找存货的位置，造成许多无谓的搜寻时间及行走距离。

（二）拣货单

虽然有时拣货作业可以根据顾客的订单或公司的交货单直接进行拣货，但这些原始拣货资料在拣货过程中容易受到污染，从而造成拣货错误率上升。所以随着配送中心信息化水平的提高，目前大多数配送中心的拣货作业都是根据订单处理系统输出的拣货单进行拣货。因此，如何利用电子订货系统（Electronic Ordering System，EOS）、（Portable Terminal，POT）直接将订货咨讯通过计算机快速及时地转换成拣货单或电子信号，是现代配送中心未来发展的重要研究课题。这是一种将原始的客户订单输入计算机后进行拣货信息处理再打印拣货单的方式。

其优点表现在：

（1）避免传票在拣取过程中受污损。在检品过程中使用原始传票查询时，可修正拣货过程或拣货单打印发生的错误。

（2）产品的储位编号显示在拣货单上，同时可按路径先后次序排列储位编号，引导拣货员按最短路径拣货。

（3）可充分配合分批、分区、订单分割等拣货策略，提高拣货效率。

其缺点表现在：

（1）拣货单处理打印工作耗费人力、时间。

（2）拣货完成后仍要经过检品过程，以确保其正确无误。

（三）贴标签

此种方式取代了拣货单，由打印机印出所需拣货的物品名称、位置、价格等信息的拣货标签，数量等于拣取量，在拣取的同时贴标签于物品上，以此作为确认数量的方式。在标签贴于货品的同时，物品与信息同步一致，所以拣货的数量不会产生错误。

在标签上，不仅是打印出货品名称及料架位置，如果条码一起打印出来，利用扫描仪来读取货品上的条码，即使产品相同而交货供货商不同时也能有所区分，且该货品的追踪调查也能进行。

其优点表现在：

（1）结合拣取与贴标签的动作，缩短整体作业时间。

（2）可落实拣取时即清点即拣取的步骤（如果拣取未完成标签即贴完，或拣取完成但标签却仍有剩，则表示拣取过程可能有错误发生），提高了拣货的正确性。

其缺点表现在：

（1）若要同时打印出价格标签，必须统一下游售卖点的商品价格及标签形式。

（2）价格标签必须贴在单品上，至于单品以上的包装作业则较困难。

（四）显示方式

此方式最初为在货品料架上安装灯号来显示拣货位置，而后再发展成在料架上装设液晶显示器，可同时显示出应拣取多少数量的方式，即数位拣取系统。

这种方式用在以人手来拣货的场合时，是一种可防止拣货错误、使人员直接反应动作以提高效率的有效方式，不仅在流动棚架可行，在栈板料架及一般货品棚架上，该方式也可被使用。在这种方式中，即使在料架上并未显示出拣取数量，而仅用信号灯显示拣取位置，也是不错的显示方式。

（五）条码

条码是利用黑白两色条纹的粗细而构成不同的并行线条符号，代替商品货箱的号码数字，贴在商品或货箱的表面，以便让扫描识读设备来阅读，经过计算机译码，将“线条符

号”转成“数字号码”而由计算机运算。上海白猫有限公司生产的超浓缩无泡节水配方洗衣粉规格为1.8kg塑料盒装，其条码如图2－2所示。

图2－2　商品条码

条码主要是作为商品从制造、批发到销售作业过程中自动化管理的符号，能正确、快速掌握商品情报，能提升库存管理精度，削减剩余库存，是一种实现商品管理效率化的有效方法。例如，利用扫描识读设备来读取表示料架位置号码的条码后，什么货品放在什么位置保管的信息立即能轻易取得，对降低寻找货品时间有很大的帮助。

（六）资料传递器

资料传递器又称为数据携带器、无线电辨别器，其运作方式为：将数据传递器安装在移动设备上，将能接受并发射电波的ID卡或卷标等的信息反应器安装在货品或储位上，当移动设备接近传递器时，传递器立即读取传递器上的信息，通过天线由控制器辨别识读输出，再传至计算机进行控制管理。必要时也可利用此方法将反应器上的信息改写。例如，把ID卡安装在栈板上，而把数据传递器安装在堆垛机上，堆垛机一接近该栈板，栈板上的信息即能被堆垛机上的传递器迅速读取并传达至计算机。

（七）无线通信

此方法为在堆垛机上承载着无线通信设备，通过该套无线通信设备，把应从哪个料架位置的哪个栈板的拣货信息指示给堆垛机司机的一种方法。另外，也有一种能够答复从堆垛机上进行询问的装置。

（八）计算机随行指示

在堆垛机或台车上设置辅助拣货的计算机终端机，拣取前先将拣货数据输入此计算机，拣货员即可依靠计算机屏幕的指示至正确位置拣取正确货品。

（九）自动拣货系统

拣货的动作由自动的机械负责，电子信息输入后自动完成拣货作业，无须人手介入，这是目前国外在拣货设备研究上的发展方向。

步骤二　选取拣货方法

在选取拣货方法时，需要从多方面对其进行明确。例如，在确定每次分拣的订单数量时，可以对订单进行单一分拣，也可以进行批量分拣；在人员分配上，可以采用一人分拣法，也可以采用数人分拣或分区分拣；在货物分拣单位确定上，可以按要求进行以托盘、整箱或单品为单位的分拣；在人货互动方面，可以采取人员固定、货物移动的分拣方法，也可以采用货物固定、人员行走的分拣方法等。

（一）常见的拣货方法有以下几种

1. 播种式拣货方法

播种式拣货（批量拣取）方法是为每张订单准备一个分拣箱置于分货场，然后作业人员汇总所有订单所需货物的总数量，并按此数量取来货物，再按照每个订单所需数量投入其分拣箱内，同种货物数量多的订单拣货效率高。如图2－3、图2－4所示，按这种方式拣取时可以填制品种拣货单，如表2－3所示。

图2－3 播种式拣货方法

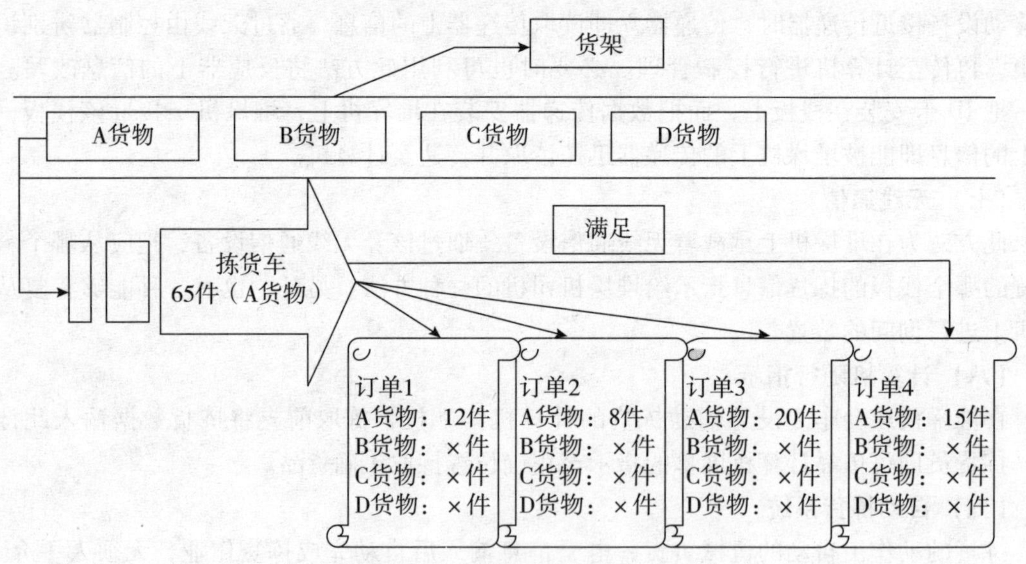

图2－4 播种式拣取流程示意

播种式拣取的优点是适合订单数量庞大的系统，可以缩短拣取时的行走搬运距离，增加单位时间的拣取量。越是要求少量、多批次的配送，批量拣取就越有效。

播种式拣取的缺点是对订单无法作出及时反应，尤其是紧急出货单的处理性低，必须等订单到达一定数量才能作处理，会产生停滞时间。

播种式拣取适用条件通常在系统化、自动化设置之后，作业速度提高，适合订单变化

较小，订单数量稳定的配送中心。

表 2－3　　　　品种拣货单

拣货单号			包装单位			储位号码
商品名称		数量	箱	整托盘	单件	
规格型号						
商品编码						
生产厂家						
拣货时期：　年　月　日至　年　月　日		拣货人：				
核查时间：　年　月　日至　年　月　日		核查人：				

序号	订单编号	用户名称	包装单位			数量	出货单位	备注
			箱	整托盘	单件			

2. 摘取式拣货方法

摘取式拣货方法是像从树上摘取水果一样，作业人员将客户每张订单上的货物从货架上取走，然后汇总，与按订单拣货大致相同。如图 2－5、图 2－6 所示，按这种方式拣取时可以填制分户拣货单，如表 2－4 所示。

图 2－5　摘取式拣取方法

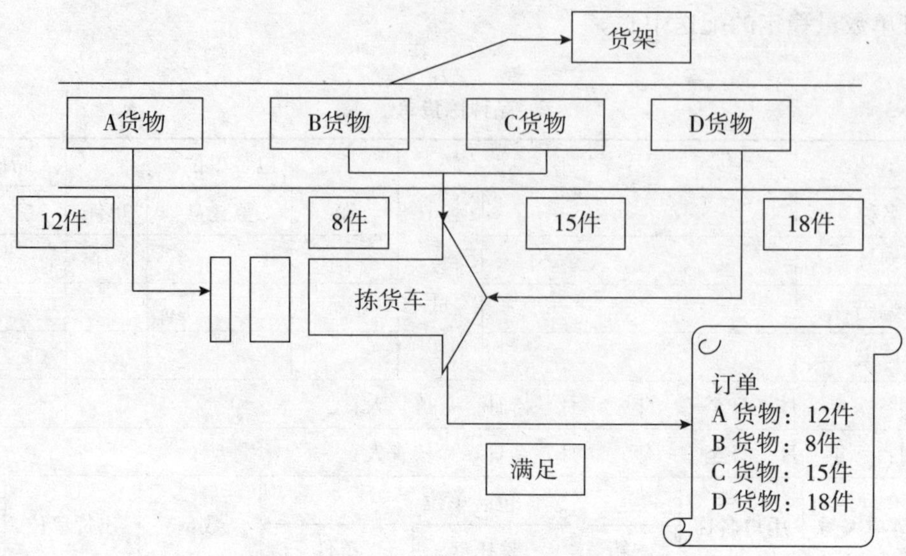

图 2－6　摘取式拣取流程示意

摘取式拣取的优点是：作业方法单纯；前置时间短；导入容易且弹性大；作业员责任分明，派工容易、公平；拣货后不用再进行分类作业，适用于大量订单的处理。

摘取式拣取的主要缺点是：商品品项多时，拣货行走路径加长，拣取效率降低；拣货区域大时，搬运系统设计困难；小批量、多批次拣选时，会造成拣选路线重复费时，效率降低。

摘取式拣取的处理弹性比较大，临时性的生产能力调整较为容易，适合订单大小差异较大、订单数量变化频繁、季节性强的商品配送，如化妆品、家具、电器、百货和高级服饰。

表 2－4　　　　分户拣货单

拣货单编号						用户订单号			
用户名称：									
出货日期：						出货货位号			
拣货时期：　年　月　日至　年　月　日					拣货人：				
核查时间：　年　月　日至　年　月　日					核查人：				
序号	储位号码	商品名称	规格型号	商品代码	包装单位			数量	备注
					箱	整托盘	单件		

3. 总量拣货方法

总量拣货方法是将一天（或半天）的复数订单货物由作业人员汇总起来进行拣货，然后将不同订单的货物分开作业的方法。品种数量多，拣货时由复数作业人员进行。

4. 配合拣货方法

配合拣货方法是将批量分拣的货物分给客户，也叫批量拣货法。批量拣货的货物用高速自动分类运输机分给各个客户时，也可以使用配合拣货方法或播种式拣货方法，如图2－7所示。

图2－7　配合拣货作业法

5. 分区、不分区拣取

不论采取订单别拣取或批量别拣取，从效率上考虑皆可配合采用分区或不分区的作业策略。所谓分区作业就是将拣取作业场地作区域划分，每一个作业员负责拣取固定区域内的商品。而其分区方式又可分为拣货单位分区、拣货方式分区及工作分区。事实上在做拣货分区时亦要考虑到存储分区的部分，必须对存储分区进行了解、规划，才能使得系统整体的配合趋于完善。所谓不分区作业即与之相反，不划分任何区域，当然整体效率会大大降低。

6. 接力拣取

接力拣取的方式是工作分区下的产物，只是其订单不作分割或不分割至各工作分区，拣货人员以接力的方式来完成所有的拣货作业，如图2－8所示。

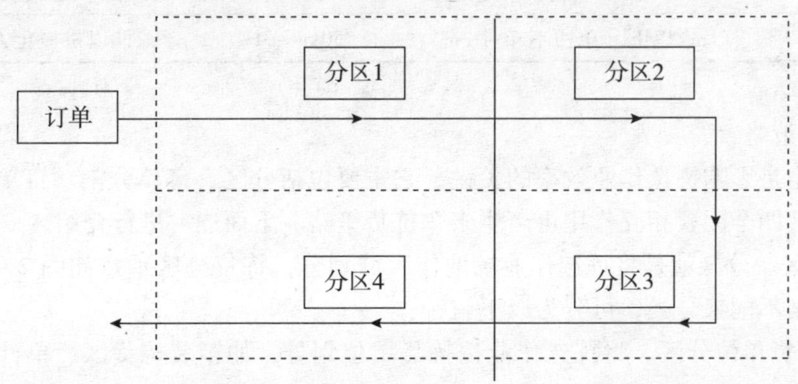

图2－8　接力式拣取

7. 订单分割拣取

当一张订单所订购的商品项目较多，或设计一个快速处理的拣货系统时，为了使其能在短时间内完成拣货处理，故利用此策略将订单切分成若干子订单，交由不同的拣货人员同时进行拣货作业以加速拣货的完成。订单分割策略必须与分区策略联合应用才能有效地发挥长处。

在众多方法里如何进行选择，拣货单位和拣货策略就显得尤为重要，所以在了解了拣货方法后，对于与拣货方法密切相关的拣货单位和拣货策略我们也要掌握。

（二）拣货单位和拣货策略

1. 拣货单位

一般来说，拣货单位可分为栈板（亦称托盘）、箱及单品三种。一般而言以栈板为拣货单位的体积及重量最大，其次为箱，最小单位为单品，为了能够做出明确的判断，进一步做如下划分。

（1）单品。拣货的最小单位，单品可由箱中取出，可以由人单手拣取。

（2）箱。由单品所组成，可由栈板上取出，人必须用双手拣取。

（3）栈板。由箱叠栈而成，无法用人手直接搬运必须利用堆高机或拖板车等机械设备。

（4）特殊品。体积大形状特殊，无法按栈板、箱归类，或必须在特殊条件下作业，如大型家具、桶装油料、长杆形货物、冷冻货品等，都属于具有特殊的商品特性，拣货系统的设计将严格受限于此。

拣货单位是由订单分析出来的结果而决定的，如果订货的最小单位是箱，则不要以单品为拣货单位。库存的每一品项皆须作以上的分析，以判断出拣货的单位，但一些品项因为需要而有两种以上的拣货单位，则在设计上要针对每一种情况作分区的考虑。拣货单位划分如表 2－5 所示。

表 2－5　　拣货单位划分

单位	代号	体积范围	重量范围	搬运方式差异
单品	B	$10cm^3$ 以下（单边长不超过 20cm）	1kg 以下	人工可以单手搬运
箱	C	$10cm^3$～$1m^3$（单边长不超过 1m）	1～50kg	人工必须用双手或用辅助工具搬运
托盘	P	$1m^3$ 以上（单边不超过 2m）	50kg～3t	只能以机械化方式搬运

2. 拣货策略

拣货策略是影响拣选作业效率的关键，它主要包括分区、订单分割、订单分批、分类四个因素，这四个因素相互作用可产生多个拣货策略。下面逐一进行介绍。

（1）分区。分区就是将拣选作业场地作区域划分，拣货分区示意如图 2－9 所示。根据分区的原则不同来分类，可分为以下三种：

1）按拣货单位分区。将拣选作业按拣货单位划分，如箱装拣货区、单件拣货区、具有特殊性的冷冻品拣货区等，这一分区基本上与储存单位分区是相对应的。其目的在于将储存与拣货单位分类统一，以便拣取与搬运单元化和拣取作业单纯化。

2）按拣货方式分区。不同的拣货单位分区中，依拣货方法及设备的不同，又可划分为若干个分区。分区的原则通常按商品销售的 ABC 分类（ABC 分析法是由意大利经济学

家巴雷托首创，又称巴雷托分析法。1879 年巴雷托在研究个人收入的分布状态时。发现少数人的收入占全部收入的大部分，而多数人的收入占全部收入的小部分，他将这一关系用图示表示出来，就是著名的巴雷托图。该分析法的核心思想是在决定一个事物的众多因素中分清主次，识别出少数的但对事物起决定作用的关键因素和多数的但对事物影响较少的次要因素。后来，巴雷托法不断用于管理的各方面。1951 年，美国通用电气公司董事长迪基将这一理论用于所属的某厂库存管理中，将主要精力集中用于解决那些具有决定性作用的少数事物)，以各品类的出货量大小及拣取次数的多少，各作 A、B、C 群组划分，再根据各群组的特征，决定合适的拣货设备及拣货方式。这种方式可将作业区单纯化、一致化，以减少不必要的重复行走所耗费的时间。

3）工作分区。在相同的拣货方式下，将拣选作业场地细分成不同的分区，由一个或一组固定的拣货员负责拣取区域内的货物。这一策略的优点在于能减少拣货员所需记忆的存货位置及移动距离，缩短拣货时间。同时也可配合订单分割策略，运用多组拣货员在更短时间内共同完成订单的拣取。

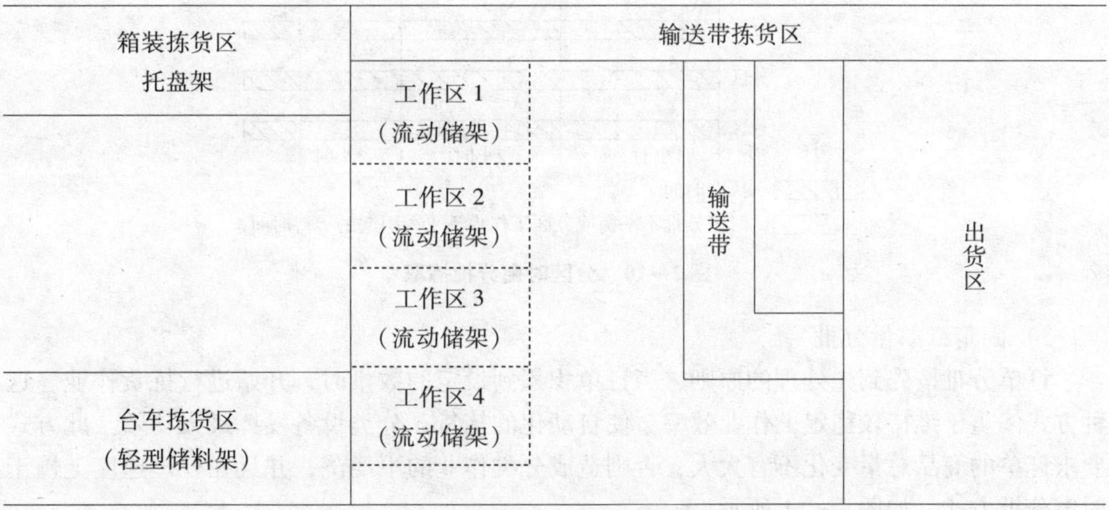

图 2－9　拣货分区示意

（2）订单分割。当订单所购的商品种类较多，或设计一个要求及时快速处理的拣货系统时，为了使其能在短时间内完成拣货处理，利用订单分割策略将订单切分成若干个子订单，交由不同的拣货员同时进行拣货作业，以加速拣货的完成。订单分割策略必须与分区策略配合运用，才能有效地发挥其优势。

（3）订单分批。订单分批是指为了提高拣货作业效率，把多张订单集合成一批进行批次提取的作业，再将每批次订单中的同一商品种类汇总拣取，然后把货品分类至每一位顾客订单，则形成批量拣取，这样不仅缩短了拣取时平均行走搬运的距离，也减少了储位重复寻找的时间，进而提高了拣货效率。订单分批有以下四种：

1）合计总量分批

合计拣货作业前所累积的订单中每一商品项目的总量，再按这一总量进行拣取。这样可将拣取路径减至最短，同时储存区域也较单纯化，但需要功能强大的分类系统做支持，并且订单数不可太多。此种方式适合于周期性配送，例如，可将所有的订单在中午前搜集，在下午做合计处理，隔日一早再进行拣取、分类工作。

2）时窗分批

当订单要求紧急发货时，可利用此策略，开启短暂而固定的时窗 5 ~ 10 分钟，在将这一时窗中所有的订单做成一批，进行批量拣取。这一方式常与分区及分割订单联合运用，特别适合于到达间隔时间短且平均的订单形态，同时订购量及种类不宜太多。各拣货分区利用时窗分批同步作业时，会因分区工作量不平衡和时窗分批拣货量的不平衡产生作业的等待问题。因此，如果能将作业等待的时间缩短，将大幅度提高拣货的产出效率，这种分批方式较适合密集频繁的订单，且能应付紧急插单的需求，如图 2 – 10 所示。

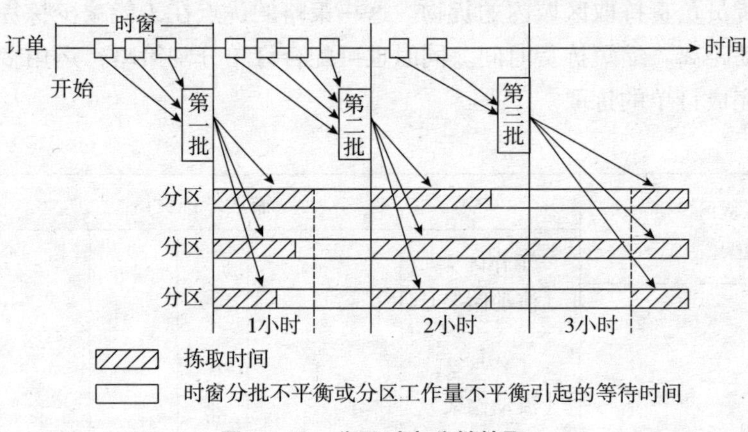

图 2 – 10　分区时窗分批拣取

3）固定订单量分批

订单分批按先到先处理的原则，当订单积累到设定的数量时，开始进行拣货作业。这种方式偏重于维持较稳定的作业效率，使自动化的拣货、分类设备发挥最大功效。此方式要求订单的商品总量变化不宜太大，否则造成分类作业的不经济，并且在处理速度上慢于时窗分批方式，如图 2 – 11 所示。

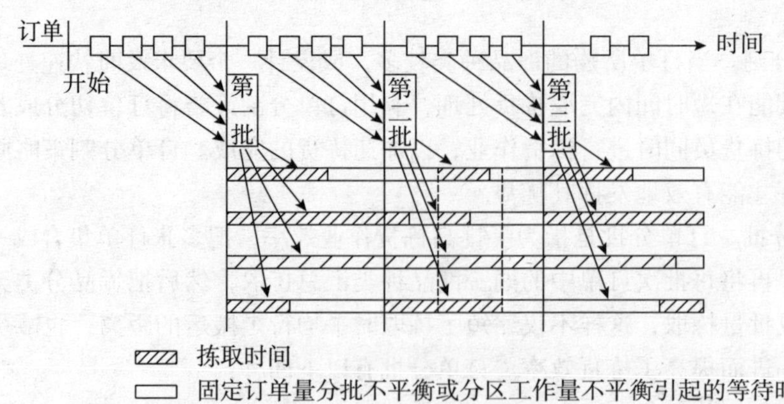

图 2 – 11　分区定量分批拣取

4）智能型分批。订单输入计算机进行处理后，将拣取路经相近的订单分成一批。采用这种分批方式的配送中心通常将前一天的订单汇总后，经计算机处理，在当日产生拣货单据，速度较快，可缩短拣货行走搬运距离。

（4）分类。若采用分批拣货策略，还必须有相配合的分类策略。

1）拣货时分类

拣货时分类即在拣取的同时将货物分类到各订单中，这种分类方式常与固定量分批方式或智能型分批方式配合，因此需使用计算机辅助台车作为拣货设备，以加快拣货速度。采用这种方式时，每批次的客户订单量不宜过大。

2）拣取后集中分类

拣取后集中分类即分批按合计总量拣取后，再进行集中分类。实际的做法有两种：一种是以人工操作为主，将货物搬运到空地上进行分类，但每批次订单量及货物数量不宜过大，不得超过人员负荷；另一种是利用分类输送系统进行集中分类，这是较自动化的作业方式。当订单分批数量品种较多时，常使用后一种方式来完成集中分类工作。

以上四大类拣货策略可单独或联合运用（如表2－6所示），也可不采用任何策略，直接按订单拣取。

表2－6　　拣取策略与储存策略配合情形

储存策略	拣货策略							
	订单式拣取		批量拣取		分类式拣取		接力式拣取	订单分割拣取
	分区	不分区	分区	不分区	分区	不分区		
定位储存	○	○	○	○	○	○	○	○
随机储存	×	×	△	×	×	×	×	○
分类储存	○	○	○	○	○	○	○	○
分类随机储存	△	×	○	○	○	△	△	○

注：○：适合；△：尚可；×：不适合

步骤三　选择拣货路径

不同层次的单品（小件商品、箱装商品、托盘装商品）要采用不同的拣货路径，通常有两种类型的路径可供选择。

（一）无顺序的拣货路径

无顺序的拣货路径就是由拣货人员自行决定在配送中心内各通道拣货顺序的方式。由于拣货员完成一批订单可能要在同一条路径上行走两次；增加行走里程和手的拣货动作使拣货员产生疲劳；拣货员要花大量时间来寻找商品所在的位置。因此，这种拣货路径效率较低。

（二）顺序的拣货路径

顺序拣货路径是指按产品所在货位号的大小从储存区域的入口到出口顺序来确定拣货路径，是一种最为常用的拣货路径。按这种拣货路径，拣货人员首先拣取储存区域内某一通道上所需要的产品，拣货人员从通道的一端向另一端行进时，下一个要拣出的产品的货位离上一个最近，这样走完全程就一次性地把所有商品拣出。按这种拣货路径拣货的优点是缩短拣货员的拣货时间和拣货里程，减少疲劳和拣货误差，提高拣货效率。

无论采用何种拣货路径，均要考虑如何准确、快速、低成本地将货物拣出，同时还要考虑到操作方便、缩短行走路径等问题。

步骤四　搬运或行走

拣货时，拣货员或机器必须直接接触并拿取货物，这样就形成了拣货过程中的行走与货物的搬运，这一过程有两种方法完成。

（一）人至物的方式

拣货人员利用步行或拣货车辆至货品储存区，即货品处于静态的储存方式，是使用最普遍的一种料架，提供100%的存取性，并且有很好的拣取效率。它可以使空间有效利用，以达到整理和整顿的效果。轻量型固定式料架结构轻量化，以储存箱品、散品、档案资料等重量较轻及体积较小的物品，而主要移动者为拣取者（可能为人，亦可能机器）。

人至物的拣货方法是指物品位置固定，拣货员利用拣货设备到物品位置处将物品拣出的作业方式。相关的拣货设备有以下几种。

1. 储存设备

栈板货架、轻型货架、橱柜、流动货架、高层货架和数字显示货架，如图2－12、图2－13所示。

图2－12　流动货架

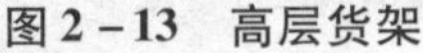

图 2－13 高层货架

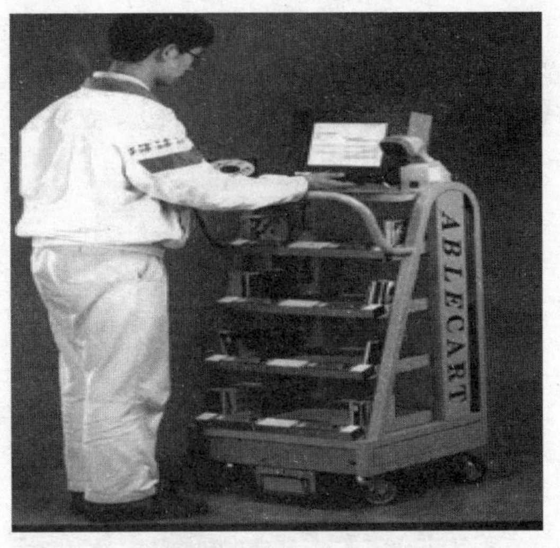

图 2－14 拣货台车

2. 搬运设备

无动力台车、动力台车、计算机辅助拣货台车（此设备是在拣货台车上装设一部控制计算机以及数个电子标签，而每个标签分别代表一张客户订单。一般而言，拣货台车较适用在批次拣货的策略上，利用即摘即播的作业模式，一次拣取多张订单，以提升整体作业效率。台车上的控制计算机会先将批次拣货数据作一最佳路径计算，并由拣货信息的显示，来导引拣货人员进行批次汇总的商品拣货作业，而于拣取某品项总量后，其会控制电子标签以显示该品项正确的分类信息，以达即摘即播作业（如图 2－14 所示）、动力牵引车（如图 2－15 所示）、堆垛机、拣货堆高机、搭乘式存取机、无动力输送带、动力输送带（如图 2－16 所示）。

图 2－15 座驾式电动牵引车

图 2－16 动力输送带

（二）物至人的方式

主要移动者为货品，即拣货者处于静态状态，而货品为动态的储存方式，如旋转自动仓储（按照检验后垂直旋转原理设计，自动将货物送到操作人员所处位置，这种方式缩短了操作人员存取货物的时间。紧凑的结构设计，储存系统可以利用整个车房高度，在最小的占地情况下发挥最大的储存能力。利用这种设计可提高超过60%的储存能力，这种方式大幅度降低了储存成本)，如图2－17所示。

图2－17　旋转自动仓储

图2－18　无人搬运车

这与人至物的拣货方法相反，拣货员只需要停留在某一固定位置，等待设备把货品运到拣货员面前的作业方式。因而物至人的拣货设备自动化水平较高，其储存设备本身需要具备动力，才能移动货品储存位置或将货品取出。具有物至人特性的拣货设备可包含以下的储存设备与搬运设备。

1. 储存设备

单元负载自动仓储、轻负载自动仓储、水平旋转自动仓储、垂直旋转自动仓储、梭车式自动仓储。

2. 搬运设备

堆垛机、动力输送带、无人搬运车LGV（如图2－18所示，是世界上最新、最好的自动搬运系统，在目前全世界已有数以千计的案例。这些公司安装LGV设备，不仅节省了人力劳动成本，更同时获得世界一流水准的生产过程）。

（三）其他拣货系统

1. 自动拣货系统

除了以上人至物、物至人两种拣货设备外，还有一类就是自动拣货系统，其拣取的动作完全由自动的机械负责，无须人力介入。

2. 电子标签辅助拣货系统

它的优点是：①可以提高拣货速率及效率，降低误拣错误率至0.1%以下；②提高出货配送效率；③在线管理，拣货数据在线控制，库存数据一目了然；④操作简单，人员不需特别培训就能上岗工作。按照硬件设计与应用的不同，电子标签可分为标准型与经济型两种。

（1）标准型。在标签的版面设计上，除了信号灯与按键外，还有一个可显示数量的LED显示屏。按键有双键式（确认鉴于缺货键）和三键式（确认鉴于可调整数量的上、下键）两种。标准型的电子标签一般用于出货品率高的商品储位，采用一对一式，即一个

电子标签只对应一个储位。

（2）经济型。与标准型相比，它只有信号灯和按键，没有显示屏，无法显示应拣数量，因此硬件成本较低。鉴于这一点，对于出货品率低的商品，可以采用经济型标签，采用一对一的方式运作，以降低投资成本。

从以上可以看出，随着生产力的发展，配送中心的拣选设备利用率越来越高。特别是客户多样、少量订货已是如今流通业所面对的不可避免的趋势，因而为追求效率及精确，近年来配合信息发展，适用于多样、少量的拣货设备也渐被开展研发，并陆续投入使用。

物流设备是完成物流各项活动的工具与手段，是组织物流活动的物质技术基础。离开一定的物质技术条件，任何物流活动都将无法进行。所谓物流设备是指进行各项物流活动所必需的成套建筑和器物，组织实物流通所涉及的各种机械设备、运输工具、仓储设施、站场、电子计算机、通信设备等。在拣货过程中所使用到的物流设备相当多元化，有储存设备、搬运设备、分类设备、信息设备等，拣选设备的状况如何，在一定程度上决定着拣选作业的效率。诚然，影响拣选作业的效率还有如货品储位未合理化存放、找不到货品或缺货率太高、无效走动及无效动作太多、拣取动线过长等诸多因素。

步骤五　拣取

当货物出现在拣货者面前时，接下来的动作便是抓取与确认。确认的目的是确定抓取的物品、数量是否与指示拣货的信息相同。实际作业中都是利用拣货员读取品名与拣货单进行对比。比较先进的方法是利用无线传输终端机读取条码由电脑进行对比，或采用货物重量检测的方式。准确地确认动作可以大幅度降低拣货的错误率，同时也比出库验货作业发现错误并处理更直接而有效。

步骤六　分类与集中

由于拣货方式不同，拣取出来的货物可能还需按订单类别进行分类与集中，有些需要进行流通加工的商品还需根据加工方法进行分类，加工完后再按一定方式分类出货。分货过程中多品种分货的工艺过程较复杂，难度也大，容易发生错误，它必须在统筹安排形成规模效应的基础上，提高作业的精确性。在物品体积小、重量轻的情况下，可以采取人力分货或机械辅助作业的方式，还可利用自动分货机将拣出来的货物进行分类与集中。分类完成后，货物经过查对、包装便可以出货、装运、送货了，其过程示意图如图 2－19 所示。

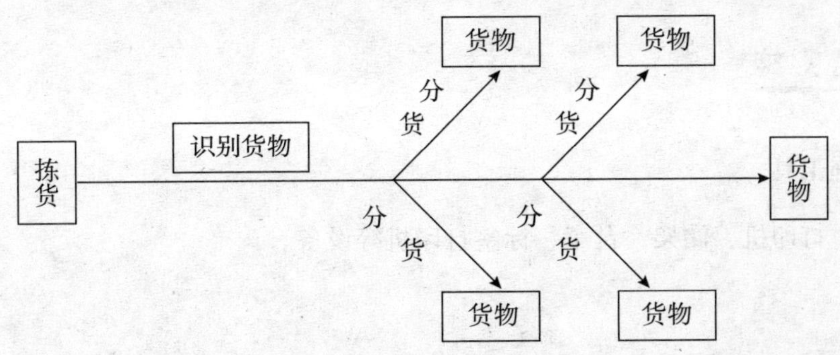

图 2－19　分货过程示意

拣货作业至此告一段落。综上所述，从拣货作业的过程中我们可以看出，整个拣货作业所消耗的时间主要包括以下四个部分：

（1）订单或送货单经过信息处理，形成拣货指示的时间。

（2）行走或搬运货物的时间。

（3）准确找到货物的储位并确认所拣货物及数量的时间。

（4）拣取完毕，将货物分类集中的时间。

因此，提高拣货作业的效率，主要在于缩短以上四个作业时间来提高作业速度与作业能力。

知识链接

拣货作业的检查要点

拣货作业除了少数自动化设备逐渐被开发应用以外，大多数仍靠人工完成拣货作业，因此在拣货系统的构筑中，正逐渐使用自动化拣货设备代替人工拣货。这样可使劳动力效率得到有效提高。在进行拣货系统构筑时，必须掌握以下8个要点。

（1）不要等待——零闲置时间：根据动作时间分析和人机时间分析方式改善。

（2）不要拿取——零搬运：多利用输送带和无人搬运车（AGV），减少人力负荷。

（3）不要走动——路线的缩短：拣货工作分区，采用物至人拣取方式或导入自动仓库等自动化设备。

（4）不要思考——零判断业务：简化作业，不依赖熟练工，使用条码自动识别装置及自动化设备。

（5）不要寻找——做好储位管理：随时整理、整顿货物，确定储位编排正确登录，拣取时以电子标志灯号即时指示。

（6）不要书写——零事务作业：以电脑传输指示拣货，实现免纸张作业（Paper－less），避免笔误造成作业错误。

（7）不要检查——降低拣错率，缩短覆点时间：利用条码读取由电脑辅助检查（如RFDC）或实施“无验货系统”。

（8）无缺货——做好商品管理、储位管理、库存管理和拣货管理：利用电脑随时掌握安全库存量、订货时机和补或频率等状况。

任务实施

一、实施工具

计算机、打印机、储架、台车、标签打印机等设备。

二、实施方法

1. 采用项目教学法

把对物品的拣货作业为一个项目，学生自行选择拣货方式，学生按照资讯——计划——实施——检查评估来完成项目，在老师指导下制订方案、实施方案、最终评估；

2. 模拟实训教学法

本情境教学如有条件可设置在企业的配送部，也可以在学校的物流实验室或后勤进行模拟作业，有我们需要的物流设备，比如叉车和托盘，同时有订单上要求的相关货品，比如我们康师傅红烧牛肉面、可比克薯片和完达山鲜奶等货品，也可以用纸箱替代货物，每 5 个学生一组，每组有组长，其中有 1 人去完成拣货资料的生成，2 名同学为拣货员，然后根据订单的要求采取不同的方式进行拣货，拣货完成后将货品放到复核区，由复核员 1 人进行复核，以避免错误。如果有多拣和漏拣的产品，让同学们进行讨论，问题出在哪里及改正的措施。

三、实施步骤

步骤一：建立小组；

步骤二：分工，组员分别担任拣货系统中的拣货资料发放员、拣货系统管理员、拣货作业员以及拣货系统检验员等职务；

步骤三：拣货系统管理员通过对客户订单的研究，制定最适合此订单的拣货资料形成方式。由拣货资料发行员运用管理员制定的资料形成方式，依据客户订单形成拣货资料，并发放给拣货作业员；

步骤四：拣货系统管理员根据客户的订单及拣货资料，选用适当的拣货策略，制定出适合此单的拣货方法；

步骤五：拣货作业员根据拣货资料和拣货作业方法，运用拣货策略，进行拣货作业；

步骤六：检验员根据拣货作业的相应指标，对拣货作业结果进行检验；

步骤七：组内展开讨论，分析本组拣货作业方法的优劣；各组之间进行讨论，分析各组所确定的拣货策略和拣货作业方法是否最适合该客户的订单。

任务二　补货作业

任务描述

拣货完成一旦发觉配送中心的存货低于设定标准时而发出存货再订购指令的作业活动，或者是拣货区的存货低于设定标准的情况下，将货物从仓库保管区域搬运到拣货区的作业活动。如果你是哈尔滨惠通物流有限公司的补货管理人员，计算出哪种商品应该补货，补货量是多少，确保存货的每一种商品都能达到最优的库存水平，能够及时满足订货出货的需求，从而提高补货效率，你该如何组织。

知识准备

步骤一　确定现有存货水平

对现有存货水平的检测是配送中心补货系统工作的起点。因为只有准确的知道现有存货的水平，然后才能确定需要补充多少存货。具体来讲，对现有存货的检测主要有两种方法：定期和连续的检测方法。定期检测是按照一定的周期对存货进行检查的方法，周期的具体确定可以依据实际情况而定，可以是几天、一周或一个月检测一次。连续检测要求存货管理者要连续记录存货的进出，每次存货处理后都要检测各产品的数量。现有存货水平是从某产品的现货库存总数与在途订货量之和中减去为顾客保留的存货以及内部分支机构的转移订购量，这个值的确定是存货补充计算的基本元素之一。

步骤二　确定订购点

(一) 订购点是补货系统的启动机制

在订购点补货系统中，只要现有库存水平低于指定的订购点，就立即发出补货指令。在定期检测补货系统中，则根据事先制定的目标存货水平，在固定的检测时点将现有存货水平与目标存货水平进行比较，如果现有存货水平低于目标存货水平，则需要进行补货，它是直接控制库存水平的关键。

(1) 在需求量和订货提前期都确定的情况下，不需要设置安全库存，可直接求出订货点。公式如下

订货点 = 订货提前期的平均需求量
= 每个订货提前期的需求量
= 每天需求量 × 订货提前期（天）
= （全年需求量/360） × 订货提前期（天）

(2) 在需求和订货提前期都不确定的情况下，安全库存的设置是非常必要的。公式如下

订货点 = 订货提前期的平均需求量 + 安全库存
= （单位时间的平均需求量 × 最大订货提前期） + 安全库存

在这里，安全库存需要用概率统计的方法求出，公式如下

安全库存 = （预计每天最大耗用量 − 每天正常耗用量） × 提前期

例：某企业甲种物资的经济订购批量为 750 吨，订货提前期为 10 天，平均每日正常需用量为 25 吨，预计日正常需用量为 25 吨，预计日最大耗用量为 40 吨，求订购点。

解：根据公式　订货点 = 订货提前期的平均需求量
= 每个订货提前期的需求量
= 每天需求量 × 订货提前期（天）
= 10 × 25 + （40 − 25） × 10 = 400（吨）

（二）补货的方式

1. 整箱补货

以整箱货为单位，从货架保管区补货到流动货架的动管拣货区，如图 2－20 所示。

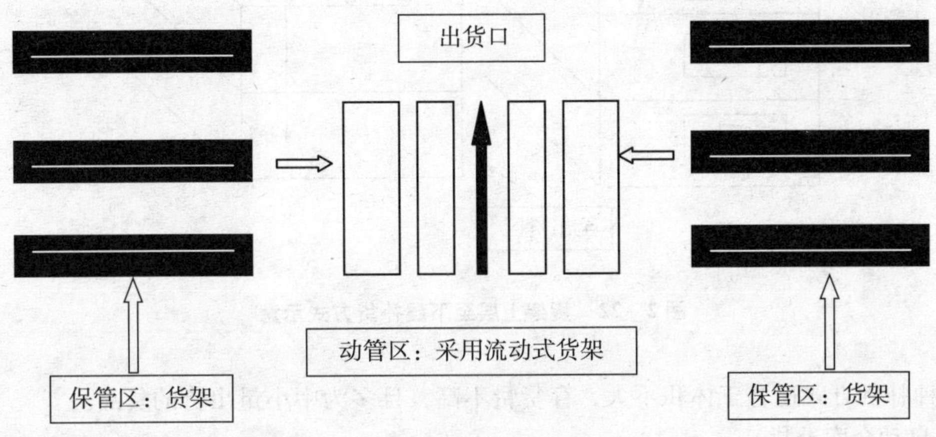

图 2－20 整箱补货示意

这种补货方式的保管区为货架储存区，拣货区为两面开放式的流动棚捡货区。拣货员拣货之后把货物放入输送机并运到发货区。当拣货区的存货低于设定标准时，作业员进行补货。这种补货方式适合于体积小且小量多样出货的货品。

2. 托盘补货

补货方式以托盘为单位进行补货，把托盘从地板堆放保管区运到地板堆放动管区，拣货时把托盘上的货箱置于中央输送机上，再送到发货区，如图 2－21 所示。

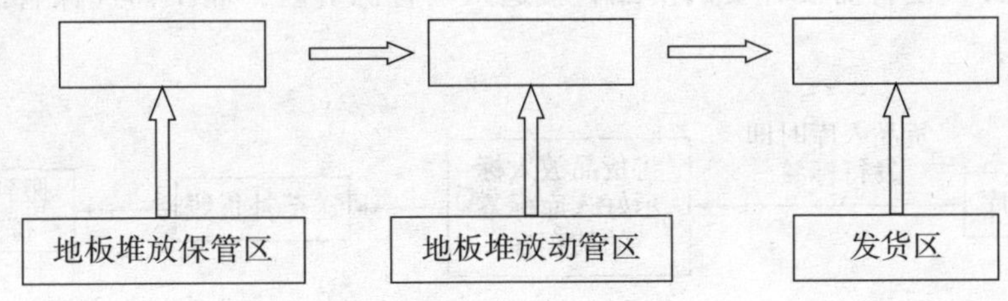

图 2－21 托盘补货示意

当存货量低于设定标准时，立即补货，用堆垛机把托盘由保管区运到拣货动管区，也可把托盘运到货架动管区进行补货，这种补货方式适合于体积大或出货量多的货品。

3. 货架上层至货架下层的补货方式

此种补货方式保管区属于同一货架，货架的上层为保管区，中下层为拣货区，当需要补货时，用堆垛机将物品从上层货架搬至中下层货架补货，如图 2－22 所示。

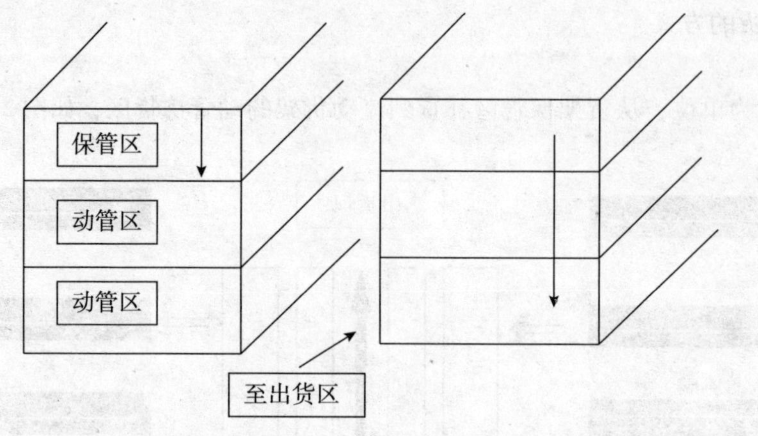

图 2－22 货架上层至下层补货方式示意

这种补货方式适合于体积不大，存货量不高，且多为中小量出货的货品。

4. 自动仓库补货

自动仓库补货方式由自动仓库将货品送至旋转货架进行补货，如图 2－23 所示。

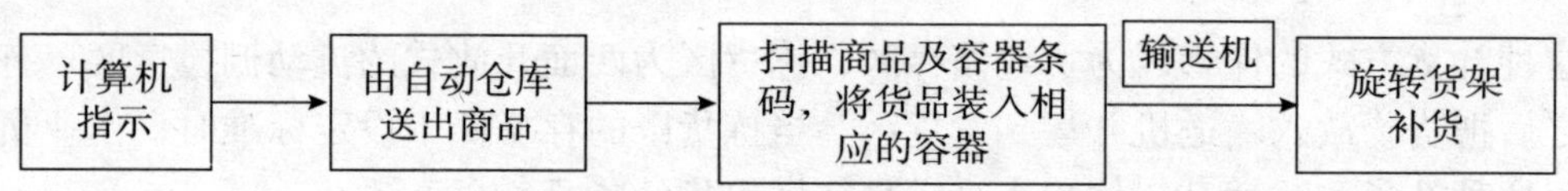

图 2－23 自动仓库补货流程

5. 直接补货方式

直接补货方式是将需要补货的货品直接送入动管拣货区，而不需经保管区再转运，如图 2－24 所示。

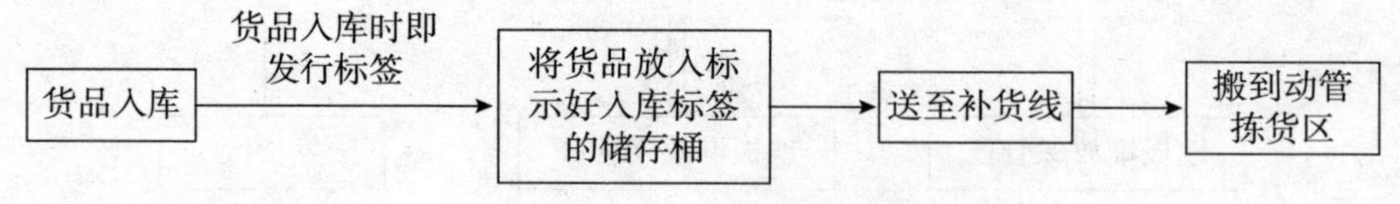

图 2－24 直接补货流程

6. 拣货区采取复合制的补货方式

英国 DOOTS 公司采取这种方式。该方式中动管拣货区的货物采用相同种类相邻放置的方式，而保管区采用两处两阶段的补货方式。第一保管区为高层货架仓库，第二保管区为动管区旁的临时保管处。进行第一阶段补货时先从第一保管区的高层货架把货物运至第二保管区，动管拣货区内的其中一个托盘拣取完毕后，即将空托盘移出，后面的托盘依次往前推出。第二保管区再将补货托盘移进动管拣货区，如图 2－25 所示。

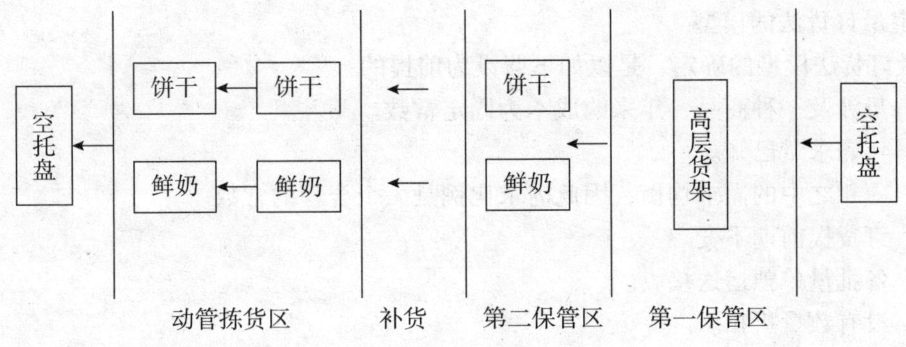

图 2－25　复合制补货示意

（三）补货时机

补货作业的发生与否，主要看动管拣获区的货物存量是否符合要求。究竟何时补货要看动管拣货区的存量，以避免出现拣货中途才发现动管区货量不足需要补货，而影响整个拣货作业。所以要注意补货时机，通常有以下三种方式。

1. 批次补货

批次补货指每天由计算机计算出所需货物的总拣取量，再查看动管区存货量后得出补货数量，从而在拣货之前一次性补足，以满足全天拣货量。这种一次补足的补货原则，较适合一日内作业量变化不大、紧急插单不多或是每批次拣取量大的情况。

2. 定时补货

把每天划分为几个时点，补货人员在时段内检查动管拣货区货架上的货品存量，若不足则及时补货。这种方式适合分批拣货时间固定且紧急处理较多的配送中心。

3. 随机补货

指定专门的补货人员，随时巡视动管拣货区的货品存量，发现不足则随时补货。这种方式较适合每批次拣取量不大、紧急插单多以至于一日内作业量不易事先掌握的情况。

步骤三　确定订货数量

订购点确定下来以后，补货系统还要决定订购的数量。订购数量既可以根据以往经验来确定，也可以按经济订货批量模型（EOQ）得出。经济订货批量模型的原理是通过数学方法，对各种存货成本进行全面均衡，得出存货总成本最小时的订货批量，并将这个数量作为补货数量。

（一）定量订货法

1. 定量订货法的概念和基本原理

（1）概念：定量订货法是指当库存量下降到预定的最低库存量（订货点）时，按规定数量（一般以经济批量 EOQ 为标准）进行订货补充的一种库存控制方法。

（2）基本原理：预先确定一个订货点和订货批量，在销售过程中，随时检查库存，当库存下降到订货点时，就发出一个订货批量，一般取经济批量（Economic Order Quantity，EOQ）。就是说库存量达到订货点时即为采购时机，采购批量为经济订货批量。这种方法是通过“经济订货量”和“订货点”两个量来控制的。

2. 定量订货法的模型

定量订货法模型的确定，是以如下假设为前提的：

（1）只涉及一种商品，年采购成本为固定常数。

（2）年需求量已知。

（3）一年之中的需求均衡，因此需求比例是一个合理的常数。

（4）订货提前期不变。

（5）各批量单独运送接收。

（6）没有数量折扣。

3. 定量订货法的公式

EOQ 的控制原理就在于控制订货批量，使年度总库存成本最小，其中年度库存总成本 = 年度采购成本 + 订货费 + 库存保管费，将以上的假设的条件为基础，则有年度总库存成本与批量的关系如图 2 – 26 所示。

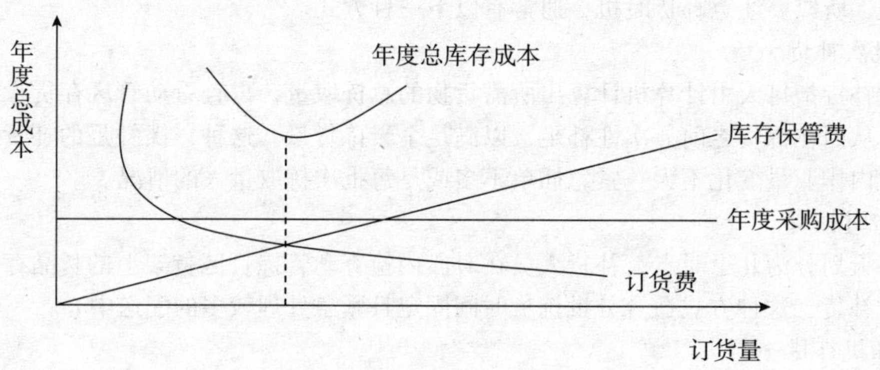

图 2 – 26　经济订货批量模型

从图 2 – 26 可以看出，库存保管费随订货量增大而增大，订货费用随订购量增大而减小，而当两者费用相等时，总费用曲线处于最低点，这时的订货量为 *EOQ*。

理想的经济订货批量是在假设成立的基础上，则有

$$TC = D \cdot P + \frac{D \cdot C}{Q} + \frac{Q \cdot K}{2}$$

式中：*TC*——年度库存总费用；

Q——每次订货批量；

D——商品年需求量（件/年）；

P——单位采购成本（元/件）；

C——单位订货费（元/次）；

K，*PF*——每次货物平均年库存保管费（元/件·年）；

F——单件货物保管费用与单件货物单位采购成本之比，即年保管费率；

Q/2——年平均储存量；

EOQ——经济订货批量。

要使 *TC* 最小，将上式对 *Q* 求导数，并令一阶导数为 0，得到经济订货批量 *EOQ* 的计

算公式为

$$EOQ = \sqrt{\frac{2C \cdot D}{K}} = \sqrt{\frac{2C \cdot D}{PF}}$$

例：某企业每年需要购买8000套儿童服装，每套服装的价格是100元，其年储存成本是3元/件·年，每次订购成本为30元。问：最优订货数量下，年订购次数和预期每次订货时间间隔各为多少（每年按360天计算）?

解：$D = 8000$ 件，$C = 30$ 元/件，$K = 3$ 元/件·年，采用经济订货批量公式

$$EOQ = \sqrt{\frac{2CD}{K}} = \sqrt{\frac{2 \times 30 \times 8000}{3}} = 400 \text{（件）}$$

$$\text{年订购次数} = \frac{D}{EOQ} = \frac{8000}{400} = 20 \text{（次）}$$

$$\text{间隔} = \frac{360}{20} = 18 \text{（天）}$$

$$\text{年度库存总费用} = 8000 \times 100 + \frac{8000 \times 30}{400} + \frac{400 \times 3}{2} = 801200 \text{（元）}$$

即每次订购批量为400件时年库存总费用最小，最小费用为801200元。

（二）定期订货法

1. 定期订货法的概念和基本原理

（1）概念：定期订货法是按预先确定的订货时间间隔进行订货补充的库存管理方法。通俗地说每隔一个订货周期就检查库存，发出订货，每次的订货量的大小是使得订货后的名义库存达到最高库存量。

（2）基本原理：预先确定一个订货周期T和最高库存量Qmax，周期性的检查库存，根据最高库存量、实际库存、在途订货量和待出库商品数量，计算出每次订货批量，发出订货指令，组织订货，其库存的变化如图2-27所示。

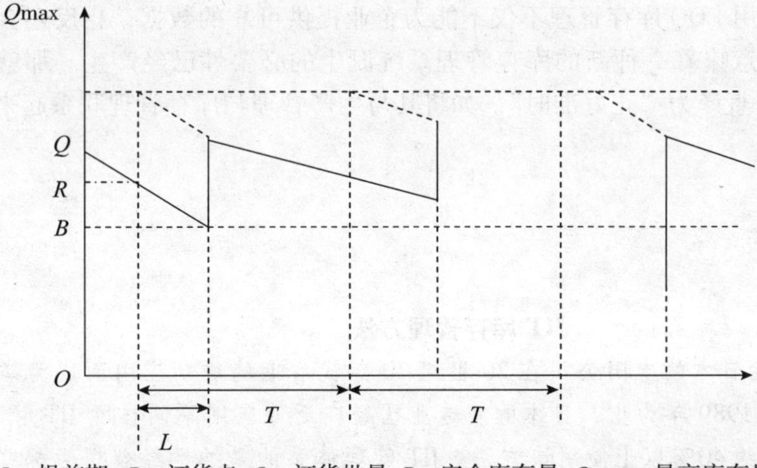

L—提前期 *R*—订货点 *Q*—订货批量 *B*—安全库存量 *Q*max—最高库存量 *T*—订货周期

图2-27 定期订货法原理

（3）定期订货法参数的确定：定期订货法的实施主要取决于三个控制参数：订货周期，最高库存量，订货批量。

1）订货周期 T 的确定。在定期订货法中，订货点实际上就是订货周期，其间隔时间总是相等的。它直接决定最高库存量的大小，即库存水平的高低，进而也决定了库存成本的多少。那么如何确定订货周期 T 呢？从费用角度出发，如果要使总费用达到最小，我们可以采用经济订货周期的方法来确定。假设以年为单位。

$$T^* = \sqrt{\frac{2C}{KM}}$$

式中：C——每次订货成本；

K——单位货物的年保管费用；

M——单位时间内库存商品需求量（销售量）；

T^*——经济订货周期。

2）订货批量的确定。定期订货法每次的订货数量是不固定的，订货批量的多少都是由当时的实际库存量的大小决定的，考虑到订货点时的在途到货量和已发出出货指令尚未出货的待出货数量，则每次订货的订货量的计算公式为

订货量 = 平均每天的需要量 ×（提前期 + 订货间隔）+ 安全库存 - 实际库存量 - 订货余额

安全库存 =（预计每天最大耗用量 - 每天正常耗用量）× 提前期

例：某企业乙种物资的经济订购批量为 750 吨，订购间隔期为 30 天，订货提前期为 10 天，平均每天正常需用量为 25 吨，预计日最大耗用量为 40 吨，订购日的实际库存量为 600 吨，订货余额为 0，求订购数量。

解：根据上面公式得

订购量 = 25 ×（10 + 30）+（40 - 25）× 10 - 600 - 0 = 550（吨）

订货策略为：在订货日应订购 550 吨。

由于企业面临的经营环境的变化，建立于 EOQ 模型中的许多假设条件的真实性越来越低。所以，仍然采用 EOQ 库存管理不仅不能为企业提供可靠的数据，相反还会误导企业的库存管理。这就意味着一种新的库存管理系统诞生的必要性已经产生。那就是 JIT，Just In Time 的缩写，直译为“正好准时”。如将其与生产管理与库存管理联系起来，意为“准时到货”。

JIT 库存管理方法

JIT 管理方法是由日本的丰田公司在 20 世纪 70 年代后期的成功应用而成为举世闻名的先进管理体系。到 1989 年为止，日本的制造业已经广泛地应用不同程度 JIT 管理系统，美国的工业企业已有约 40% 以上使用该方法。JIT 管理体系的采纳已经被视为那些具有世界领先地位的企业成功的关键。

1. JIT 的基本原理

JIT 的目标之一就是减少甚至消除从原材料的投入到产成品的产出全过程中的存货，

建立起平滑且更有效的生产流程。在JIT体系下，产品完工时正好是要运输给顾客的时候；同样，材料零件等到达某一生产工序时正好是该工序准备开始生产之时。没有任何不需要的材料被采购入库，没有任何不需要的产成品被加工出来，所有的“存货”都在生产线上，由此使库存降到最低程度。

2. 实施JIT的关键点

建立JIT管理系统需要一段很长时间的时期，它需要企业文化和管理方法发生巨大的变革，这并不是轻易就能完成的。然而，采用JIT管理系统的企业将获得巨大的收益，提高市场的竞争力，获得生存。以下是建立JIT管理体系时应重视的几个方面：

（1）实行全面质量管理。全面质量管理主要包括建立质量保证体系：在资源方面，重视原材料和外购件的质量保证，慎重选择供应厂商；在设计方面，运用JIT管理体系要求设计的产品具有很强的柔性，一些高科技的企业成功地把JIT和柔性制造系统（FMS）结合在一起，采用标准件降低JIT生产系统的复杂度；在人员上，强调人的工作质量和产品质量的责任感；在加工过程中，重视质量过程控制。只有在全面质量管理的作用下，才能在JIT系统的每个环节上把好质量关，使之尽力做到“零缺陷”，才能实现“零库存”。

（2）企业全员参与管理。为了实现不间断地提高产品质量和生产效率，企业需要建立一支经过交叉岗位训练和一专多能的职工队伍。按产品分类的生产原则重新组织起来，形成若干个班组，各班组的职工应对本部门的原材料、产品质量负责。同时，企业还要改革劳动、人事和分配制度，形成一种激励机制和不断创造的工作氛围。

（3）控制生产准备耗费和储存成本。引进先进的机器设备，计算机的控制与操作，使得生产准备阶段所耗时间变得更短，从而使准备耗费大幅度下降。选择几个可靠的供应商，且与他们建立长期的订购关系，采购业务仅通过传真或电话的方式进行，从而大量缩减采购费用。选定信誉较好的供应商，要求他们能够按时、按量及按质将材料运到，因此企业的库存可以压到最低，由此储存成本也降到最低水平。

（4）利用看板管理法保证生产管理过程物流畅通。看板管理是一种需求拉动型生产管理方式，与供应推动型管理方式相区别。在传统工业中，生产按加工顺序，批量生产，逐级发出生产指令，每一次指令只生产零件装满限量的容器，绝无积压和拖延。这种需求拉动型的生产管理，有效地形成一个紧密联系的生产链和快节奏生产时间计划，减少了在制品的库存和相应的搬运、计量、记录等工作量。

（5）系统的不断改善。JIT系统需要不断改善和完善。理想的JIT系统的最高目标是“零机器调整时间”、“零缺陷”、“零库存”、“零设备故障”，因而JIT是一个永不停止的过程。JIT的运用会给企业带来许多收益，它不仅局限于对存货管理效率的提高——节省存货资金的占用、仓库空间的占用以及与之相关的保管人员的减少等，而且包括由于流动资金的占用而减少的借款利息支出，或者企业用这笔资金进行其他投资所获得的回报，降低其机会成本，最关键的收益是实现了JIT所追求的目标，即消除企业生产经营全过程中所有无价值增值的活动和耗费。最终结果是生产成本大幅度下降，提高劳动生产率，提高产品质量，更好更快地满足客户的需求。

总而言之，JIT管理体系的运用正是企业寻求的向管理要效益，从而增强企业竞争力之路。企业总是不断地寻求降低库存的方法。这里从库存作用的角度出发，讨论降低库存的基本策略和具体措施。如表 2－7 所示，基本策略指降低该种库存所必须采取的行动，具体措施指如何降低由于采取基本策略可能带来的成本增加以及如何减少对该种库存的需求。

表 2－7　　降低库存的策略

库存类型	基本策略	具体措施
周转库存	减少批量 Q	降低订货费用 缩短作业交换时间 利用“相似性”增大生产批量
安全库存	订货时间尽量接近需求时间 订货量尽量接近于需求量	改善需求预测工作 缩短生产周期与订货周期 减少供应的不稳定性 增加设备与人员的柔性
调节库存	使生产速度与需求变化吻合	尽量“拉平”需求波动
在途库存	缩短生产—配送周期	标准品库存前置 慎重选择供应商与运输商 减少批量 Q

1）周转库存。由于平均周转库存等于 $Q/2$，所以降低周转库存的基本策略很简单，即减小批量 Q，现在有一些日本企业可以做到周转库存只相当于几个小时的需求量，而对于大多数企业来说，至少是几周，甚至几个月。但是，单纯地减小 Q 而不在其他方面作相应的变化将是很危险的，有可能带来严重的后果。例如，订货成本或作业交换成本降低的方法，在这方面，日本企业有很多成功的经验，如“快速换模法”等。利用一人多机、成组技术或柔性制造技术，即尽量利用“相似性”来增大生产批量、减少作业交换。此外，还可以尽量采用通用零件等。

2）安全库存。安全库存是为了防止意外情况发生而比需要的时间提前订货，或订货量大于需求量而产生的。降低这种库存所必须采取的行动也很显然：订货时间尽量接近需求时间，订货量尽量接近需求量。但是与此同时，由于意外情况发生而导致供应中断、生产中断的危险也随之加大，从而影响到顾客服务，除非有可能使需求的不确定性和供应的不确定性消除或减到最小限度。这样，至少有四种具体措施可以考虑使用：①改善需求预测。预测越准，意外需求发生的可能性就越小，还可以采取一些方法鼓励用户提前订货；②缩短订货周期与生产周期，这一周期越短，在该期间内发生意外的可能性也越小；③减少供应的不稳定性。其中途径之一是让供应商知道你的生产计划，以便他们能够及早作出安排。另一种途径是改善现场管理，减少废品或返修品的数量，从而减少由于这种原因造成的不能按时按量供应的情况发生。还有一种途径是加强设备的预防维修，以减少由于设备故障而引发的供应中断或延迟；④增加设备与人员的柔性。这种方法通过生产运作能力

的缓冲、培养多面手人员等方法来实现。这种方法更多地用于非制造业，因为对于非制造业来说，服务无法预先储存。

3）调节库存。降低调节库存的基本策略是尽量使生产速度与需求变化温和，但这是一件说起来容易做起来难的事情。一种思路是想办法把需求的波动尽量“拉平”，针对性地开发出新产品，使不同产品之间的需求“峰”、“谷”错开，相互补偿，如在需求淡季通过价格折扣等促销活动转移需求。

4）在途库存。影响在途库存的变量有两个：需求和生产—配送周期。由于企业难以控制需求，因此，降低这种库存的基本策略是缩短生产—配送周期。可使用的具体措施一是标准品库存前置，二是选择更可靠的供应商和运输商，尽量缩短不同存放地点之间的运输和存储时间。还可利用计算机管理信息系统来减少信息传递上的延误以及在途时间的增加。此外，还可以通过减少批量 Q 来降低在途库存，因为 Q 越小，生产周期越短。

从上面可以看出，这四种库存的不同降低策略实际上是相互关联，相互作用的。因此，在实际的库存管理中需要全面统筹，综合考虑。

表 2－8　　库存表

项次	货品名称/规格	货品编号	出/入库单据编号	收发记录				备注
				昨日库存量	入库量	发货量	结存量	

主管：　　　　　　　　经办：

步骤四　发出采购订单和进行补货作业

订购点和订货数量确定下来以后，补货系统的最后一个程序就是对需要补充库存的存货种类发出采购订单，进行补充库存的订货，如表 2－9、表 2－10 所示。

表 2－9　　采购统计表

日期		进货量	使用量	库存量		订购未到量	采购参考量	
月	日			数量	日期限制		数量	可有日数

另外还要根据拣货作业的要求，对于拣货区需要补货的存货进行补充，也就是将存放在储存区的存货转移到拣货区。

表 2－10　　补货单

类别		补货日期/时间：			本单编号：		
项次	存放储位	品名	货品编号	货源储位	单位	需要数量	实发数量

点收员：　　　　经办：

任务实施

一、实施工具

计算机、笔、打印机、托盘、手推车、胶带（再封箱之胶带）等物品。

二、实施方法

1. 采用项目教学法

将设计补货工作作为一个小项目，学生按照资讯——计划——实施——检查评估来完成项目，在老师指导下制订方案、实施方案、最终评估。

2. 模拟实训教学法

联系一些物流企业进行实地工作或利用本校物流实训室来完成补货作业设计，准备我们需要的相关物流设备如托盘等，学生进行相关的模拟操作，将学生分成不同的组，每组 5 人，进行实地实物的查看（可用纸箱替代），根据库存表和拣货单等信息进行相应的查看，点出缺货的产品和数量，根据订货点和选择不同的方式进行补货，并且让学生讨论采用哪种订货方式更适合我们的实际需求。货品最好也是我们表中需要的产品，并且填写好

采购单和补货单等单据。

三、实施步骤

步骤一：建立小组，确定分工，小组成员分别担任补货资料发放员、库管员、采购员、补货员等职务；

步骤二：确定现有存货水平；

步骤三：确定订购点；

步骤四：确定订货数量；

步骤五：发出采购订单和进行补货作业；

步骤六：综合评价补货作业工作，每小组学生提出哪种订货方式更适合需求，汇报展示，评估组（可由教师及学生小组组长组成）进行评价。

任务三　配送加工作业

任务描述

哈尔滨惠通物流有限公司库房里的物品有的是食品，有的是生鲜品，当接到客户订单后，根据订单数量的要求，如果你是该公司的管理人员，如何进行包装作业既能满足客户的要求，又能实现利润的最大化？

知识准备

配送中心加工作业属于增值性活动，不具有普遍性，有些加工作业属于初级加工活动（如按照客户的要求，将一些原材料套载）；有些加工作业属于辅助加工，比如对产品进行简单组装，给产品贴上标签或套塑料袋等；有些加工作业属于深加工，食品类配送中心的加工通常是深加工，比如将蔬果洗净、切割、过磅、分份并装袋及加工成净菜，或按照不同的风味进行配菜组合，加工成原材料等配送给超市或零售店。

不同类型的配送中心会根据其配送商品的特性，用户的要求，加工的可行性选择是否进行配送加工作业，作业内容不尽相同，通过加工作业会完善配送中心的服务功能，为客户提供高质量、个性化的服务作业，因此，它广受欢迎，并很快成为物流操作系统中重要的一环。

包装是流通加工中的一项重要作业，也是流通加工技能训练中的主要内容。包装就是将货物用一些材料包起来，是为了更方便的运输，保护货物在运输过程中不被损坏；并且通过包装，将不同的货物拼装在一起，方便搬运；同时在包装材料上印刷一些物流企业的标记、电话及被包装物的特性，如易碎、小心轻放、防潮等，以方便运输人员操作。包装人员岗位操作流程如图 2－28 所示，包装的主要功能有保护功能、定量功能、标识功能和跟踪功能等。

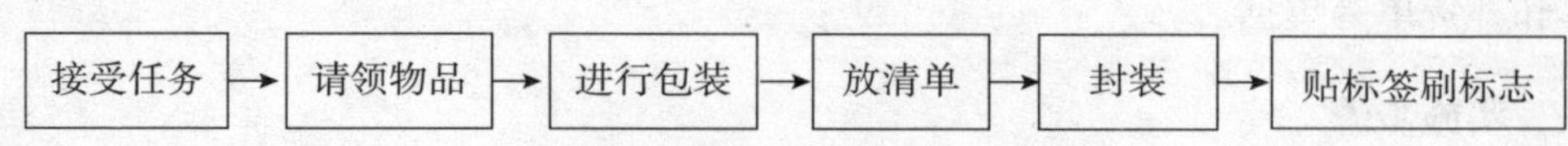

图 2－28　现场包装人员岗位操作流程

步骤一　接受任务

现场包装人员在接受上级下达的包装任务时，应明确包装要求，详细了解是要求进行防腐包装、防湿包装、防虫包装和防震包装，还是要求进行同时具备多项功能的包装。

步骤二　请领物品

在明确包装要求后，便可以根据要求到相关部门领取包装材料、如打包机、包装纸、包装袋、发货单等。

包装材料的选择十分重要，因为它直接关系到包装质量和包装费用，有时也影响运输、装卸、搬运和仓储。常用的包装材料有以下几类。

（一）纸包装材料

由于纸包装材料耐摩擦、耐冲击、质地细腻、容易黏合、无味、无毒且价格相对较低，因此纸包装的应用非常广泛，用量最多，品种最杂。瓦楞纸纸箱（如图 2－29 所示）重量轻、耐冲击、容易进行机械加工和回收，因此被广泛使用。

（二）木制包装材料

木材具有抗挤压、抗震、抗冲撞的能力，一般用于外包装。为了节约木材，除了采用框架式包装方式外，改用塑料、复合材料、胶合板材料作为木制包装的替代品已越来越普遍。

（三）金属包装材料

煤气、天然气等液体和气体一般用金属片和金属板作为包装材料。其中，马口铁（即镀锡钢板，如图 2－30 所示）和金属箔两大品种用量较大。马口铁坚固、耐腐蚀、易加工、防水、防摔。金属箔，即金属压成的薄片，适合用于奶油、乳制品、糖果和肉类食品的包装。

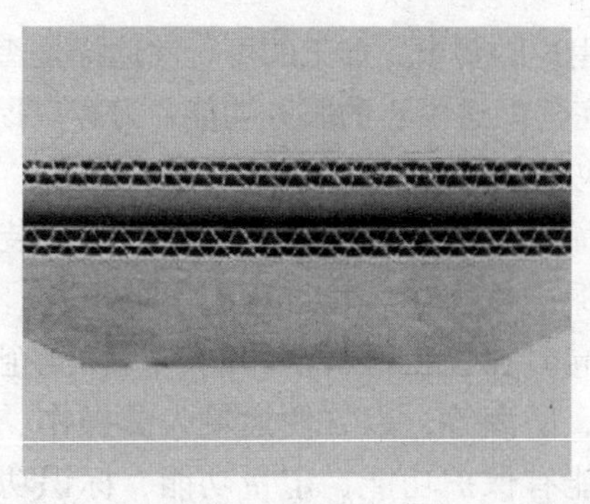

图 2－29　瓦楞纸纸箱

图 2－30　马口铁包装

步骤三　包装作业

在掌握了包装的任务和领了包装所需的材料后，便可以进行包装了，常见的包装作业有如下几种：

（一）热收缩包装

在流通加工中，热收缩包装作业是一种比较常见的加工方式。热收缩包装主要是应超市或大卖场的需求，同时为了方便消费者选购，将某些商品设定最低的订购单位，以比较便宜的价格出售。另外一种情形是使用热收缩包装把赠品与商品组合固定在一起。在热收缩包装的作业中，以商品的数量组合的方式有：2 罐（瓶）为一组、3 罐（瓶）为一组或 6 罐（瓶）为一组等，如图 2－31 所示，热收缩包装的作业流程如图 2－32 所示。

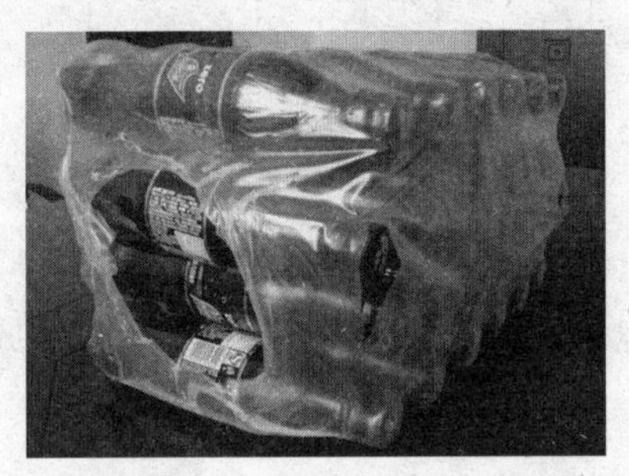

图 2－31　热收缩包装

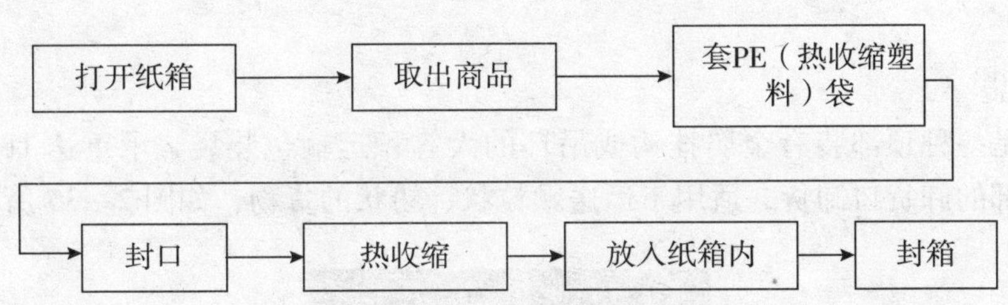

图 2－32　热收缩包装的作业流程

在热收缩包装作业中，根据自动化的层次可分为人工操作、半自动化和全自动化 3 种，而自动化层次的选择主要是参考商品的数量确定。

（二）礼盒包装

礼盒包装主要是在逢年过节时，根据顾客的购物习惯，将一些商品组合成礼盒出售，如烟酒礼盒、食品礼盒、化妆品礼盒等，如图 2－33、图 2－34 所示。

图 2-33　礼盒包装

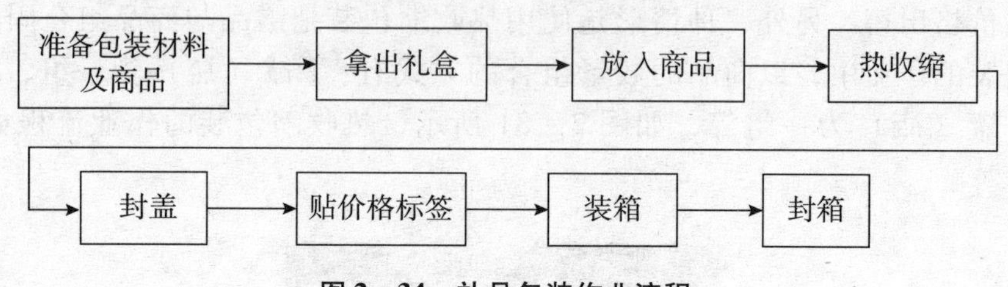

图 2-34　礼品包装作业流程

步骤四　放清单

包装完毕后，认真填写包装清单，将其连同包装件一起放在相应的包装容器中。常见的包装容器有以下几种：

（一）包装袋

包装袋是柔性包装的重要技术，包装袋是挠性材料，具有较高的韧性，抗拉强度和耐磨性。包装袋一般先封住一端，从而形成一个桶状，在装满货物后再封口，常见的有以下3种类型。

1. 集装袋

集装袋是一种顶部装有金属挂钩或吊环的大容积运输包装袋，承重达1t以上，卸货时可打开底部的卸货口卸货，适用于运送颗粒状、粉状的货物，如图 2-35 所示。

图 2-35　集装袋

2. 一般运输包装袋

这种包装袋一般由植物纤维或合成树脂纤维编织而成或者由多层挠性材料构成，承重在0.5～1t，常见的有草袋和水泥袋，主要包装物为粉状、颗粒状和个体小的货物。

3. 小型包装袋

小型包装袋或称普通包装袋。这类包装袋盛装重量较轻，通常用单层材料或双层材料

制成。对某些具有特殊要求的包装袋，也有用多层不同材料复合而成的。其包装范围广，液态、粉状、块状和异形物等可采用这种包装。

（二）包装盒

包装盒比包装袋硬一些，即有少量刚性，是介于硬包装（刚性材料）和软包装（柔性材料）之间的包装技术。包装材料不易变形，抗压；一般是几何形状，如立方体、圆筒或尖角状。包装盒容量小，有开闭装置，包装式采用码入或装填方式，然后闭合。包装盒强度不大，包装量也不大，不适合作为运输包装，适合作为商业包装或内包装，适合包装块状物品或异形物品。

（三）包装箱

包装箱是刚性包装技术中的重要一类，应用广泛，主要用于包装固体，适合运输包装或外包装。常见的有瓦楞纸纸箱（如图 2－36 所示）、木箱、塑料箱和集装箱。

（四）包装瓶

包装瓶是瓶颈尺寸有较大差别的小型包装容器，是刚性包装中的一种，包装材料有较高的抗变形能力，对刚性和韧性的要求一般也较高，个别包装瓶介于刚性与柔性之间，瓶的形状受外力时虽然可以发生一定程度的变形，但外力一旦撤除，仍可回复原来瓶形。包装瓶包装量一般不大，适合美化装潢，主要作商业包装、内包装使用，主要包括液体和粉状货物，如图 2－37 所示。

图 2－36　瓦楞纸纸箱

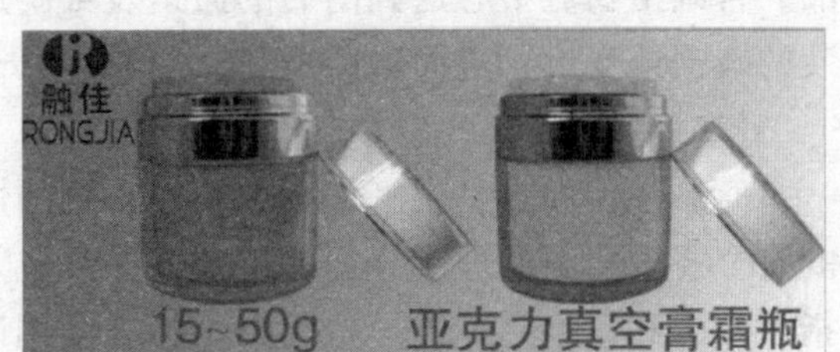

图 2－37　包装瓶

（五）包装罐

包装罐是罐身各处截面形状大致相同，罐颈短，罐颈内径比罐身内径稍小或无罐颈的一种包装容器，是刚性包装的一种。包装材料强度较高，罐体抗变形能力强，包装罐主要有 3 种：小型包装罐、中型包装罐和集装罐，如图 2－38 所示。

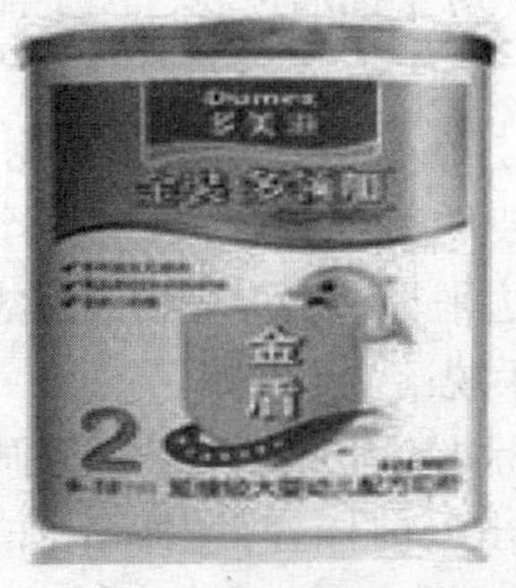

图 2－38　包装罐

步骤五 封装

把包装件及包装清单放入包装容器后，使用相应的工具或设备将包装容器封起来，以确保货物在以后的流通过程中的安全性和方便性。

应用包装设备可以对粉末、颗粒、液体等状态的大包装物料进行拆分、填充和灌装成小包装（袋、瓶、罐等），也可用于封口和贴标等，然后再进行装箱，便于运输和销售。

步骤六 贴标签和刷标志

（一）贴标签

封装完毕后，还需在外包装容器上贴上具有文字或图像说明的标签，以便于相关工作人员辨认识别货物，并利于交接、装卸、分票、清点、查核、避免错发、错卸和错收。

贴标签作业大致可分为贴税条、贴中文说明标签及贴价格标签 3 种。前两种大部分以进口商品为主，主要是针对贸易进口商品的一种服务项目；贴价格标签则是针对零售店的要求所进行的流通加工，其作业大部分在拣货完成之后进行，贴完标签后，再出库。

在贴标签作业时，必须特别注意的是妥善处理 PE 热收缩及瓦楞纸盘包装的产品。因为 PE 热收缩袋被切开时，放在瓦楞纸盘上的产品便没了束缚，会很容易掉落或碰损，尤其是玻璃制品或玻璃包装的制品。在贴标签作业完成后，必须用纸箱或其他容器来存放商品，否则由物流中心送到门店的搬运及堆码过程中，常常会因作业的不慎而导致商品内包装的破损或变形，进而造成退货。

（二）刷标志

商品包装标志是用来指明包装内容物的性质，为了运输、装卸、搬运、储存和堆码等的安全要求和商品理货分运的需要，在外包装上用图像或文字标明的规定记号，包括包装指示标志和危险品标志。包装指示标志使用说明如下：

（1）图示标志的颜色一般为黑色。如果包装件的颜色使图示标志显得不清晰，则可选用其他颜色印刷，也可在印刷面上选用适当的对比色，但一般应避免采用红色和橙色。粘贴的标志采用白底印黑色。

（2）标志的标打，可采用印刷、粘贴、拴挂、钉附及喷涂等方法。印刷时，外框线及标志名称都要印上；喷涂时，外框线及标志名称可以省略。

（3）标志的数目及位置规定如下：对于箱状包装，位于包装端面或侧面的明显处；对于袋、捆包装，位于包装明显处；对于桶形包装，位于桶身或桶盖；对于集装箱、成组货物，粘贴 4 个侧面。

（4）标志“由此吊起”应标打在包装件两个相对侧面的实际起吊位置上；标志“重心点”应标打在能正确标示出包装件实际重心位置的 4 个面上。

（5）标志的文字书写应与底边平行；出口货物的标志，应按外贸的有关规定办理；粘贴的标志应保证在货物储运期内不脱落。

（6）运输包装件需标打何种标志，应根据货物的性质正确使用。

（7）标志由生产单位在货物出厂前标打；出厂后如改换包装，标志由改换包装单位标打。

任务实施

一、实施工具

包装容器、清单、标签、计算机、绳等工具。

二、实施方法

1. 采用项目教学法

选取一种或几种物品的配送包装作为一个小项目，学生按照资讯——计划——实施——检查评估来完成项目，在老师指导下制订方案、实施方案、最终评估；

2. 模拟实训教学法

通过观察不同的配送中心或以物流实训室为基地，将需要包装的货物从增值、方便运输、最大空间利用率等几方面进行综合考量，由学生自行完成商品的配送加工包装的全过程。

三、实施步骤

步骤一：分组及人员分工，每5人一组，其中，1人进行领取包装物品，2人进行具体的包装作业，2人进行贴标签或刷标志；

步骤二：接受任务；

步骤三：请领物品；

步骤四：开始包装作业；

步骤五：放清单；

步骤六：封装；

步骤七：贴标签和刷标志；

步骤八：综合评价配送包装工作，学生每小组进而提出修改方案，汇报展示，评估组（可由教师及学生小组组长组成）进行评价。

任务四 配货作业

任务描述

哈尔滨惠通物流有限公司配送中心接到客户哈尔滨世纪联华胜达店和哈尔滨世纪联华顾乡店的订单，如果你作为该公司的配货管理人员，请根据配货的原则，如何实现为这两个店的配货作业？

知识准备

配货作业是指把拣取分类完成的货品经过配货检查过程后，装入容器和做好标识，再运到配货准备区，待装车后发送。

配货作业的一般形式：配货作业按照服务客户的多少可以分为单一配货作业和集中配货作业两种形式。

1. 单一配货作业

单一配货作业是指每次只为一个客户提供配货服务，因此配货作业的主要内容是对物品进行组装和包装。一般来说，如果整托盘拣取的物品允许整托盘发送，那么需要进行固定作业，也就是用包装膜或绳索将物品固定在托盘上；如果整托盘拣取的物品不采取托盘运输，那么需要将物品先从托盘上卸下，然后将其进行捆装；对于整箱拣取的物品一般需要进行打包作业；单件拣取的物品应进行装箱作业，以免物品丢失或破损。

2. 集中配送作业

集中配送作业是指同时为多个客户提供配送服务，所以其配货作业通常比单一配货多了拆箱、分类的程序，其余与单一配货作业大致相同。配货作业需按一定步骤进行，其步骤如图 2－39 所示。

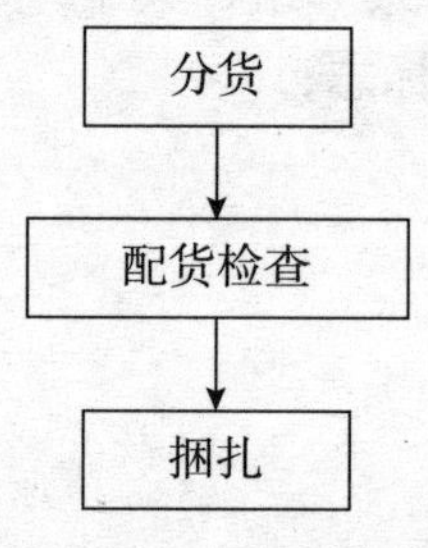

图 2－39　配货作业

步骤一　分货

分货就是把拣货完毕的商品按用户或配送路线进行分类的工作。

分类方式一般有以下几种：

（一）人工分货

人工分货是指所有分货作业过程全部由人工根据订单或其他传递过来的信息进行，而不借助任何电脑或自动化的辅助设备。

（二）自动分类机分货

自动分类机分货是指利用电脑和自动分辨系统完成分货工作。这种方式不仅快速省力，而且准确，尤其适应于多品种业务繁忙的配送中心，其过程如下：

（1）将有关货物及分类信息通过自动分类机的信息输入装置，输入自动控制系统。

（2）当货物通过移载装置移至输送机上时，由输送系统运送至分类系统。

（3）分类系统是自动分类机的主体，这部分的工作过程为先由自动识别装置识别货物，再由分类道口排出装置，按预先设置的分类要求将货物推出分类机。

（4）分类排出方式有推出式、浮起送出式、倾斜滑下式、皮带送出式等，同时为尽早使各货物脱离自动分类机，避免发生碰撞而设置有缓冲装置，如图 2－40 所示。

图 2－40　自动分类机

这是现代化高技术的作业方式。自动分货机是新建的现代化配送中心的主要设备，分货机在一端取出多分店共同需求的货物随着分货机上的运输带运行，按计算机预先设定的指令，在与分支机构连接处自动打开出口，货物进入分支机构，分支机构的终点是分店集货货位。有时配送车辆直接停在分支机构的终端，所分货物直接分货装车，进行配送。

步骤二　配货检查

配货检查作业是指根据用户信息和车次对拣送物品进行商品号码和数量的核实，以及对产品状态、品质的检查。分类后需要进行配货检查，以保证发运前的货物品种、数量、质量无误，如图 2－41 所示。

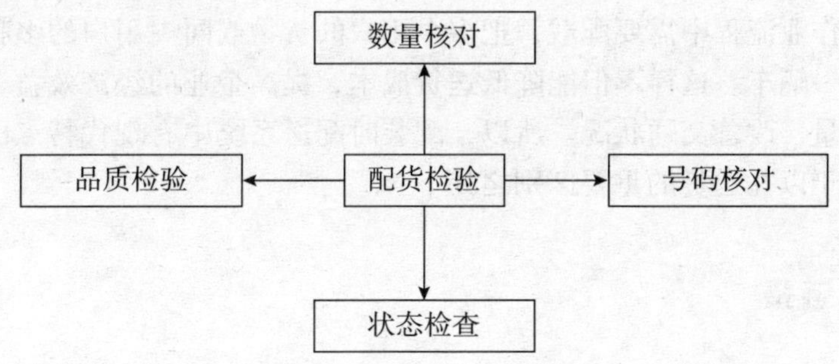

图 2－41　配货检查作业

配货检查的内容是保证单、货相符，避免差错，提高服务质量的关键，是进一步确认拣取作业是否有误的处理工作。因此，必须认真查对，找出产生错误的原因，采取措施防止错误的产生。

配货检查比较原始的做法是人工检查，即将货品一个个点数并逐一核对出货单，再进而查验出货货品的质量及包装状况。就质量与包装的检验而言，纯人工方式逐项或抽样检查的确有其必要性。但对于货品的品项和数量的核对，需耗用大量的时间和人力，而且差错仍在所难免，因此作业效率低经常是大问题。

如今，在现代化的配送中心里，对出货的品项和数量的核对检查已有不少新的突破。进而查验配货的品质及状态情况。目前，配货检查常用的方法有以下几种。

（一）商品条码检查法

这种方法要导入条码，条码是随货物移动的，检查时用条码扫描器阅读条码内容，计算机再自动把扫描信息与发货单对比，从而检查商品数量和号码是否有误。

（二）声音输入检查法

声音输入检查法是当作业员发声读出商品名称、代码和数量后，计算机接受声音并自动判识，转换成资料信息与发货单进行对比，从而判断是否有误。此方法的优点在于作业员只需用嘴读取资料，手脚可做其他工作，自由度较高。缺点是声音发音要准确，且每次发音字数有限，否则电脑辨识困难，可能产生错误。

（三）重量计算检查法

重量计算检查法是把货单上的货品重量自动相加起来，再与货品的总重量相对比，以此来检查发货是否正确的方法。

步骤三　捆扎

配货作业的最后一环，便是要对配送货物进行打捆，绑扎，以保护货物，提高运输效率，便于配送到户时客户识别各自的货物等。

步骤四　配装作业

为充分利用运输车辆的动力，提高运输效率，配送中心一般将在同一时间内出货的不同用户的货物组合配装在同一批次运输车辆上进运送，这就是配送中心的配装作业。配送面临的多是小批量多批次的送货，单个用户的配送数量往往不能达到车辆的有效载运负荷，因此在配送作业流程中需要配载，把多个用户的货物或同一用户的多种货物进行搭配装载，满载于同一辆车。这样不但能降低送货成本，提高企业的经济效益，还可以减少城市道路的交通流量，改善交通状况。所以，配装时配送系统中有现代特点的功能要素，也是现代配送不同于以往送货的重要区别之处。

配装的一般原则包括：

重的货物在下，轻的货物在上。后送先装，即按客户的配送顺序，后送的、远距离的客户的货物先装车，先送的、近距离的货物后装车。

根据货物的特性选择配载，如不相容的货物不用同一辆车送货，需要不同送货条件的货物也不用同一辆车送货。外观相近、容易混淆的货物尽量分开装载。

货物配装除综合考虑以上一般原则外，还要考虑货物的性质（如怕震、怕压、怕撞、怕摔等）、形状、体积等因素，进而做出弹性调整。此外，对于货物的装卸方法也必须考

虑货物的性质、形状、重量、体积等因素后再做具体决定。

可见，货物的配装主要是注意两个方面的基本要求：一是货物必须合理配载，充分利用货车的载重量和容积；二是货物的合理配载，安排好货物的车内堆放位置。这要求在装车时考虑许多影响因素，主要是货物性质、车辆类型和客户情况。货物性质包括形状、数量、体积、硬度等物理性质和湿度、温度、危险性等化学性质。货物性质不同影响装配，如易串味物品不可搭配装车，易碎品常不可积载。车辆类型包括车型是专用车还是普通车、载重量、容积等，当送货量大且仅有中小型车时，不得不多次配装。客户情况包括客户的地理位置和要货时间，距离近、交通条件好、要货紧急的客户，一般先交货，为便于卸货和避免不必要的货物挪移，应将其要货放在货车的上层，反之放在下层。

具体安排配装时，对于没有积载特别要求的一般货物，如不考虑货物的卸载顺序和累放限制等，常常可以根据经验判断或者用较精密的数学计算方法实现。一种货物的配装，比较简单，选择容积和载重均可承受的车辆，并且将其容积和载重量利用完为止。两种货物配装，可用简单的计算实现。如果车辆的车厢容积为 V，载重量为 W，要装载容量分别为 R_a 和 R_b的两种货物，如何配装，使得车辆的载重量和车厢容积均充分利用。

可以设两种货物的配装重量分别为 W_a、W_b，单件重量分别为 $W_{a单}$、$W_{b单}$

$$\begin{cases} W_a + W_b = W \\ W_a/R_a + W_b/R_b = V \end{cases}$$

$$\begin{cases} W_a = \dfrac{VR_aR_b - WR_a}{R_b - R_a} \\ W_b = \dfrac{VR_aR_b - WR_b}{R_a - R_b} \end{cases}$$

并且：货物数量 $X_a = W_a/W_{a单}$，$X_b = W_b/W_{b单}$

两种以上货物配装，根据经验，一般是先从中选出容重量最大和最小的两种货物配装，再在其他种类货物中选择容重次大和次小的两种货物配装剩余的车辆载重和空间，以此类推得到配装结果。也可以用运筹学或其他的数学方法实现，如动态规划法，但一般较复杂，在此不做介绍，可参阅有关书籍。

很明显，上述的两种及以上的配装方法使用时是有许多前提条件的，应用于相对性，如果配装考虑货物的性质、卸货先后顺序等，则不适用。

表 2-11　　配货形式作业内容（出货状态）

	拣货单位	作业	配货单位
订单拣取	P P C B B	捆包（上包装膜或绳索固定） 卸箱⟶捆包 捆包 分类 装箱	P C C C B

续 表

	拣货单位	作业	配货单位
批量拣取	P	①捆包（托盘物属同一货物） ②卸托盘——→分类——→捆包 （拣取的托盘物不属同一客户）	P
	P	卸盘——→分类——→捆包	
	P	卸盘——→拆箱——→分类——→捆包	
	C	①分类——→捆包（整箱属同一客户） ②拆箱——→分类——→装箱（整箱不属同一客户）	C
	C	拆箱——→分类	B
	B	分类——→装箱	C
	B	分类	B

P：托盘；　　C：箱子；　　B：单件

配送中心的装车作业有两种表现形式：其一，使用机械装卸货物；其二，利用人力装车。通常，批量较大的实重商品都将其放在托盘上，用叉车进行装车。有些散装货物，或用吊车装车，或用传送设备装车。因各配送中心普遍推行混载（或同载）送货方式，故装车作业有如下要求：按送货点的先后顺序组织装车，先到的要放在混载货体的上面或外面，后到的要放在下边或里面。

任务实施

一、实施工具

计算机、打印机、配货设备、分拣箱等工具。

二、实施方法

1. 采用项目教学法

将配货检查选择作为一个小项目，学生按照资讯——计划——实施——检查评估来完成项目，在老师指导下制订方案、实施方案、最终评估；

2. 模拟实训

联系一些配送企业或以物流实训室为模拟的场所，进行配送货物的检查工作。

三、实施步骤

步骤一：建立小组，人员分工，组内成员分别担任配货检查员；

步骤二：进行配货检查作业，组内成员对要出库产品和客户信息进行比对，进而对配货作业进行检查；

步骤三：评价所检查的配货作业，经过配货作业人员的检查，判断此批配货商品是否正确、可否出库进入配送准备区；

步骤四：综合评价配货检查工作，并讨论配货检查人员在检查环节中的失误，探讨完善配货检查方法，汇报展示，评估组（可由教师及学生小组组长组成）进行评价。

归纳总结

本项目主要介绍了理货作业的基本工作内容，理货是配送的一项重要内容，也是配送区别于一般送货的重要标志。理货包括拣货、补货、配送加工、配货作业四个环节。

通过本项目的学习，学生可以掌握拣货的方法，能对货物进行分拣，使学生学会理货作业的能力；能够选取最佳订货点，从而确定最佳的经济订货批量；能够处理简单的拣货、补货、配货作业流程所需的单证填制；学生还能够根据货物的种类及特性，选取适合的配送包装材料及设备；能够正确处理理货作业时突发问题，使学生达到一名优秀理货员的技能要求。

思考与训练

一、拣货作业的基本步骤有哪些？

二、常见的拣货方法有几种，都有何优缺点？

三、补货作业的基本操作流程有哪些？

四、补货的方式有哪些？

五、简述配送加工作业的操作流程。

六、配货作业的基本操作流程有哪些？

七、有一原始仓库改建的配送中心，由于长期以来主要以仓储为主，因此配送中心的其他作业效率都不高，尤其是分拣作业，效率非常低，往往出现找不着货、分拣商品出错等情况。

请问：1. 分拣优化的基本思路是什么？

2. 通常有哪些做法可以提高分拣效率？

八、某配送中心 A 商品年需求量为 16000 箱，单位商品年保管费为 2 元，每次订货成为为 40 元，求经济批量。

九、某配送中心企业，根据计划每年需采购 A 零件 50000 个。A 零件的单价为 40 元，每次订购成本为 100 元，每个零件每年的仓储保管成本为 10 元。求 A 零件的经济批量，每年的总库存成本，每年的订货次数及订货间隔周期。

十、速达配送中心接受某电子商务公司的委托，为其提供配送服务。现有 A、B 两种货物需向顾客送货。其中：货物 A 的单件重量为 10 千克、体积 0.03m^3，货物 B 的单件重量为 10 千克、体积 0.01m^3。送货车辆的载重量为 10 吨、有效容积 20m^3，问 A、B 两种货物如何配装，才能使货车有效容积利用率达到 90%，且载重量利用率为 100%？

十一、视频分析：学生可以到物流企业或者看某企业的视频采用摘果式和播种式拣货方式，思考如何防止拣货差错，提高拣货效率。

十二、请实地考察一家配送中心的拣货作业，观察其操作流程，看是否合理，帮助提出整改措施。如果你来操作，会选择哪种拣货方式？

项目三　送货

知识目标

1. 了解送货作业的阶段划分
2. 了解送货作业相关工作岗位及职责
3. 了解退货种类、退货原因及退货的判断规则
4. 了解退货处理的方法及注意事项
5. 了解退货处理员岗位职责及岗位操作注意事项
6. 掌握送货作业的实施步骤
7. 掌握车辆调度管理的图上作业法
8. 掌握退货作业业务流程实施步骤

能力目标

1. 会进行货物配送、统筹调度、货物装载及交货装卸等业务操作
2. 会记录货运记录的技能
3. 会进行车辆调度及人员安排、货物合理装卸等技能
4. 能填写退货各个环节作业交接单及各项票据
5. 能够与客户进行正确的沟通，确保配送中心送货、退货有序、准确、准时，提高客户的满意度，确保突发问题的及时、顺利解决
6. 能正确选择送货作业的设施设备，从而掌握这些设备的使用方法和操作注意事项

任务导入

哈尔滨惠通物流有限公司是一家综合型的物流企业，可以提供仓储、运输和配送方面的服务。总部位于哈尔滨市道外区先锋路1号，由于经营需要，公司在哈尔滨市南岗区哈双路348号自建了一个城市配送中心，经营品种主要是日用品和食品，24小时运转，每天为分布在不同区域的多家连锁店配送商品。并规定了每种商品的安全储备，假定该公司向供应商订货的周期为食品类5天，物流样品资料和客户地址如表3－1、表3－2所示。

表 3－1　　哈尔滨市各客户店面名称及具体位置

序号	店铺名称	店铺地址
1	沃尔玛购物广场中山分店	哈尔滨市南岗区中山路 254 号
2	世纪联华胜达店	哈尔滨市道里区地段街 93 号
3	世纪联华顾乡店	哈尔滨市道里顾乡大街 98 号

表 3－2　　主要物流货品样表

品类	货品名称	客户简称	SKU 包装单位	包装单位和包装明细	安全库存（箱）	现有库存情况（箱）
袋装食品类	康师傅红烧牛肉面	联华	袋	20 袋/箱	50	150
	康师傅西红柿牛腩面	联华	袋	20 袋/箱	50	80
	奥利奥巧克力味饼干	联华	袋	12 袋/箱	30	60
	可比克薯片	联华	袋	12 袋/箱	20	50
	完达山鲜奶	联华	盒	12 盒/箱	100	150

哈尔滨市惠通物流有限公司将接单及发货信息和客户退货信息以通知单方式下传。各客户送货具体信息及各客户退货具体信息如表 3－3、表 3－4 所示。

表 3－3　　各客户送货具体信息

客户店面名称	接单时间	送达时间	配送货品名称及数量
世纪联华胜达店	11 月 4 日	11 月 5 日 上午 9：30 分之前	10 箱康师傅西红柿牛腩面 10 箱奥利奥巧克力味饼干
世纪联华顾乡店	11 月 4 日	11 月 6 日	10 箱康师傅西红柿牛腩面 10 箱可比克薯片

表 3－4　　各客户退货具体信息

客户店面名称	接单时间	退货时间	配送货品名称及数量
沃尔玛购物广场中山分店	11 月 1 日	11 月 5 日	2 箱康师傅西红柿牛腩面 10 袋奥利奥巧克力味饼干

该配送中心在 2013 年 11 月 4 日共接到如下订单：

1. 2013 年 11 月 4 日上午 10：00 接到世纪联华胜达店订单，要求 11 月 5 日上午9：30之前为其配送 10 箱康师傅西红柿牛腩面和 10 箱奥利奥巧克力味饼干。

2. 2013 年 11 月 4 日 11：00 接到世纪联华顾乡店订单，要求 11 月 6 日为其配送 10 箱

康师傅西红柿牛腩面和 10 箱可比克薯片。

3. 由于在运输途中，部分产品损坏，各客户请求退货，退货产品及数量如表 3 – 4 所示。

根据以上资料，请思考：

1. 配送中心根据客户需求，如何组织送货工作？

2. 配送中心根据客户需求，如何组织退货工作？

任务一　送货作业

任务描述

哈尔滨市惠通物流有限公司接到世纪联华胜达店和世纪联华顾乡店订单，你作为送货管理人员，如何组织送货，能及时快速满足客户的需求？

知识准备

送货作为配送的最后一道环节，对于物流企业来说是非常关键的，因为它直接跟顾客打交道。送货作业是利用配送车辆把用户订购的物品从制造厂、生产基地、批发商、经销商或配送中心，送到用户手中的过程。送货通常是一种短距离、小批量、高频率的运输形式。它以服务为目标，以尽可能满足客户需求为宗旨。因此如何有效地管理送货作业是一个物流企业不可忽视的问题。如果在这方面失误，会产生种种问题，例如从接受订单到出货非常费时、配送效率低下、驾驶员的工作时间不均、货品在输送过程中的损坏、丢失等。同时，最直接的影响是输送的费用超支。所以，在送货的管理中，不仅要对送货人员的工作时间、发生的重要情况进行管理，而且还要加强对车辆利用（如装载率、空驶率等）的管控。

一般而言，送货作业可以分为送货前、运送中、送货后三个基本阶段。

1. 送货前要做的工作有制订货物运送计划、出库、配装；

2. 运送中要做的工作有行车、紧急情况的处理；

3. 送货后要做的工作有送达服务与交割、费用结算。

送货基本流程和内容包括：制订送货计划→出货交接→车辆调度（配车）→配装→装车→发车→运送→卸车交付→运杂费结算→货运事故处理→送货作业绩效评价。

步骤一　制订送货计划

配送部门需要预先对运输任务进行估计并实时调度，对运送的货物种类、数量、去向、运货线路、车辆种类及载重、车辆趟次、送货人员做出合理的计划安排。

（一）拟订送货计划的主要依据

1. 客户订单

客户订单是拟订运送计划的最基本的依据。一般客户订单对配送商品的品种、规格、数量、送货时间、送达地点、收货方式等都有要求。

2. 客户分布、运输路线、距离

客户分布是指客户的地理位置分布。客户位置离配送据点的距离远近、配送据点到达客户收货地点的路径选择均会直接影响到输送成本。

3. 配送的各种货物的体积、形状、重量、性能、运输要求

配送货物的体积、形状、重量、性能、运输要求是决定运输方式、车辆种类、载重、容积、装卸设备的制约因素。

4. 运输、装卸条件

运输道路交通状况、运达地点及其作业地理环境、装卸货时间、天气等对输送作业的效率也起相当大的制约作用。

（二）拟订送货计划的主要内容

1. 送货部门接到市场营销部下达的“运输通知单”后，货运主管应该根据产品规格及订货单编号来按顺序列档，按日期排定用户所需商品的品种、规格、数量、送达时间、送达地点、送货车辆与人员等。如果送货内容不明确，应该及时反馈至市场营销部进行确认。送货调度员统计“运输通知单”并填制“货物运输单”和“货物运送明细单”，如表3－5、表3－6所示。

表3－5　　运输通知单

客户名称			联系电话			
地址						
运输货品列表						
货品名称		规格	数量	单价	金额	备注
中文	英文					
金额统计	人民币（大写）　万　仟　佰　拾　元整					

运输要求

1. 交货日期：自签订本单后　　天内或　　年　　月　　日以前
2. 交货地点：
3. 交货单号码：
4. 发票号码：

通知人员签字	运输主管签字	运输人员签字

表 3－6　　货物运送单

<table>
<tr><td>收货单位</td><td colspan="2"></td><td>发货单位</td><td colspan="2"></td></tr>
<tr><td>收货人</td><td colspan="2"></td><td>发货人</td><td colspan="2"></td></tr>
<tr><td>传真号码</td><td colspan="2"></td><td>货物运输人</td><td colspan="2"></td></tr>
<tr><td>联系电话</td><td colspan="2"></td><td>联系电话</td><td colspan="2"></td></tr>
<tr><td colspan="3">货物类别</td><td colspan="3">运输方式</td></tr>
<tr><td>销售</td><td>促销产品</td><td>样品赠品</td><td>汽运</td><td>铁运</td><td></td></tr>
<tr><td></td><td></td><td></td><td>海运</td><td>空运</td><td></td></tr>
</table>

货物最迟运抵时间：　　年　　月　　日

<table>
<tr><td rowspan="2">运抵客户（或仓库）名称及地址</td><td>名称</td><td></td></tr>
<tr><td>地址</td><td></td></tr>
<tr><td rowspan="2">货物指定签收人</td><td>姓名</td><td></td></tr>
<tr><td>联系电话</td><td></td></tr>
</table>

货物清单

序号	货号	货品名称	单位	数量
1				
2				
……				

相关说明	1. 特殊货品特点 2. 注意事项说明等 3. 车辆说明

审核人：

报货日期：　　年　　月　　日

承运车号：　　预计车辆到达时间　　年　　月　　日

发货时间：　　年　　月　　日　　经办人：

2. 选择运输路线，做出运送排序表，达到降低运输成本的目的。

从日本配送运输的实践来看，配送的有效距离最好在 50km 半径以内，国内配送中心、物流中心，其配送经济里程大约在 30km 以内。送货是运输中的末端运输、支线运输，因此，如何集中车辆调度，组合最佳路线，采取巡回送货方式，是配送活动中送货组织需要解决的主要问题。送货主要有两种方式，如图 3－1 所示。

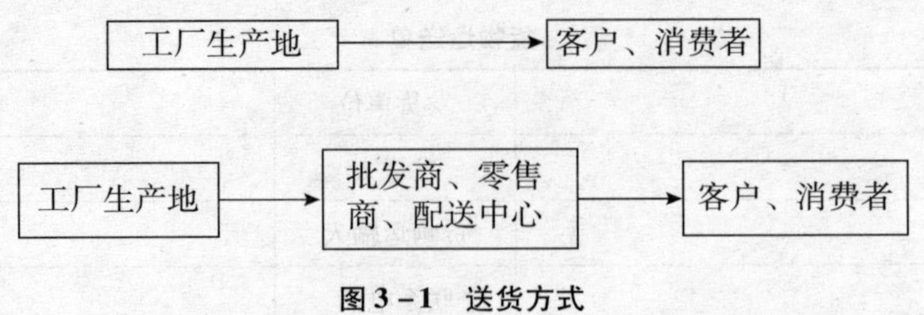

图 3－1　送货方式

优化车辆行走路线与运送车辆趟次，并将送货地址和车辆行走路线在地图上标明或在表格中列出。如何选择配送距离短、配送时间短、配送成本低的线路，需要根据客户的具体位置、沿途的交通情况等做出优先选择和判断。除此之外，还必须考虑有些客户所在地点的环境对送货时间、车型等的特殊要求，例如，有些客户一般不在上午或晚上收货，有些道路在某高峰期实行特别的交通管制等。因此，确定运送批次顺序应与配送线路优化综合起来考虑。

3. 按用户需要时间结合运输距离来确定起运提前期。

4. 按用户要求选择送达服务具体组织方式。

送货作业是配送中心最终直接面对用户的服务，具有以下几个特点。

1. 时效性

时效性是流通业客户最重视的因素，也就是要确保能在指定的时间内交货。送货是从客户订货至交货各阶段中的最后一个环节，也是最容易引起时间延误的环节。影响时效性的因素有很多，除配送车辆故障外，所选择的配送线路不当，中途客户卸货不及时等均会造成时间上的延误。因此，必须在认真分析各种因素的前提下，用系统化的思想和原则，有效协调，综合管理，选择合理的配送线路、配送车辆和送货人员，使每位客户在预定的时间收到所订购的货物。

2. 可靠性

送货的任务就是要将货物完好无损地送到目的地。影响可靠性的因素有货物的装卸作业、运送过程中的机械振动和冲击及其他意外事故、客户地点及作业环境、送货人员的素质等。因此，在配送管理中必须注意可靠性的原则。

3. 沟通性

送货作业是配送的末端服务，它通过送货上门服务直接与客户接触，是与顾客沟通最直接的桥梁，它不仅代表着公司的形象和信誉，还在沟通中起着非常重要的作用。所以，必须充分利用与客户沟通的机会，巩固与发展公司的信誉，为客户提供更加优质的服务。

4. 便利性

配送以服务为目标，以最大限度满足客户要求为宗旨。因此，应尽可能地让顾客享受到便捷的服务。通过采用高弹性的送货系统，如采用急送货、顺道送货与退货、辅助资源

回收等方式，为客户提供真正意义上的便利服务。

5. 经济性

实现一定的经济利益是企业运作的基本目标。因此，对合作双方来说，以较低的费用完成送货作业是企业建立双赢机制、加强合作的基础。所以不仅要满足客户的要求，提供高质量、及时方便的配送服务，还必须提高配送效率，加强成本管理与控制。

步骤二　派工与车辆管理

运送计划确定后，要分配任务进行运输调度与装卸作业，即根据运送计划所确定的配送货物数量、特性、服务客户地址、送货路线、行驶趟次等计划内容，指派车辆与装卸、运送人员，下达运送作业指示和车辆配载方案，安排具体的装车与送货任务，并将“货物运输单”和“货物运送明细单”交给送货相关人员或司机。送货调度员在所查询到的现有可用车辆中挑选最为合适的运输车辆，填写“派车通知单”（见表3－7），并通知该车辆的司机做好准备。送货业务员则必须完全根据送货调度员的送货指示（派车通知单）来执行送货作业。送货业务员接到出车指示后，指引驾驶员将车辆开到指定的装货地点，然后与保管、出货人员清点分拣配组好的货物，由装卸人员将已理货完毕的商品配载上车。送货调度员根据“派车通知单”进行统计记录，编制“出车调派单”（见表3－8），以便及时掌握所有车辆的状态信息，进行跟踪管理。

表3－7　　**派车通知单**

编号：　　　　　　　　通知时间：

客户名称		联系电话	
用车原因		司机及送货人员	
送货人数			
货物抵达期限	___年___月___日___时—___年___月___日___时		
运送地点	货物名称	规格	数量
车辆要求			
车辆用途		车辆装载量	
车辆类型		座位	
车辆部门主管		通知部门主管	

表 3－8　出车调派单

车号：

序号	出车日期	用车人	目的地/事由	返回时间	派车人	车辆里程表
1	月　日　时			月　日　时		
2	月　日　时			月　日　时		
3	月　日　时			月　日　时		
4	月　日　时			月　日　时		
5	月　日　时			月　日　时		
6	月　日　时			月　日　时		

知识链接

在送货作业中直接涉及的是车辆调度问题。车辆安排要解决的问题是安排什么类型、何种吨位的配送车辆进行送货运输。一般配送单位拥有的车型有限，车辆数量亦有限，当本公司车辆无法满足要求时，可使用外雇车辆。在保证送货运输质量的前提下，是组建自营车队，还是以外雇车为主，须视经营成本而定，如图 3－2 所示。

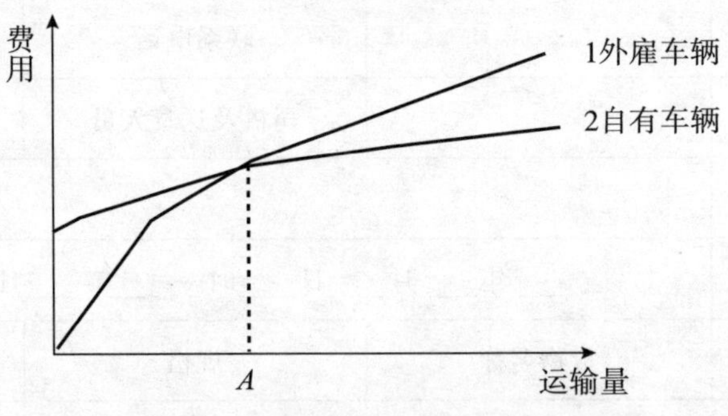

图 3－2　外雇车辆与自有车辆费用比较

曲线 1 表示外雇车辆的运输费用随运输量的变化情况，曲线 2 表示自有车辆的运输费用随运输量的变化情况。当运输量小于 A 时，外雇车辆费用小于自有车辆费用，所以应选用外雇车辆；当运输量大于 A 时，外雇车辆费用大于自有车辆费用，所以应选用自有车辆。但无论选用自有车辆还是外雇车辆，都必须事先掌握有哪些车辆可供调派并符合要求，即这些车辆的容量和额定载重是否满足要求；其次，安排车辆之前还必须分析订单上的货物信息，如体积、重量、数量、对装卸的特别要求等，综合考虑多方面因素的影响后，再做出最合适的车辆安排。

（一）车辆运行调度工作的内容

车辆运行调度是配送运输管理的一项重要的职能，是指挥监控配送车辆正常运行、协调配送生产过程以实现车辆运行作业计划的重要手段。

1. 编制配送车辆运行作业计划

2. 现场调度

3. 随时掌握车辆运行信息，进行有效监督

4. 检查计划执行情况

（二）车辆运行调度工作原则

1. 坚持从全局出发，局部服从全局的原则

2. 安全第一、质量第一原则

3. 计划性原则

4. 合理性原则

知识链接

车辆运行计划在组织执行过程中常会遇到一些难以预料的问题，如客户需求发生变化、装卸机械发生故障、车辆运行途中发生技术障碍、临时性路桥阻塞等，需要调度部门有针对性地加以分析和解决，随时掌握货物状况、车况、路况、气候变化、驾驶员状况、行车安全等，确保运行作业计划顺利进行。

（三）车辆调度管理的图上作业法

常用的车辆调度方法有：图上作业法、经验调度法和运输定额比法。这里以常用的图上作业法为例来进行说明。所谓图上作业法，就是在一张标有收发点、收发量、收发点间距离的交通网络示意图上进行方案编制工作的一种方法。在方案编制过程中，按照一定的原则不断调整，最后得到一个既能完成调运计划，又能使吨千米达到最少的调运方案。一般说来，一个好的调运方案中不应该有对流、迂回等不合理运输现象，图上作业法的主要思路就是排除运输中的对流和迂回。

为了便于叙述，首先对将要使用的若干图例做出规定，如表 3 – 9 所示。其次，在图上作业法中，根据流向图画法的规定，流向（货物的运输方向）应画在线路的右侧。

表 3 – 9　　图上作业法图例

图例	说明
○	货物的发点，其数量标为负
×	货物的收点，其数量标为正
●	线路交叉点，无收发任务
→	货物的运输方向

1. 对流

对流是指同种货物在同一条（段）线路上相向流动的不合理运输现象。

如图 3 – 3 所示，设图 3 – 3（a）是某货物调运方案的流向图。有数量为 q 吨的某种物

资由 A 运到 B，又有相同数量的同种物资由 C 运到 D。这样就在线路 AE 上产生了对流。如果把调运方案由图 3 -3（a）调整为图 3 -3（b），即把调运方案改为由 A 运给 D，由 C 运给 B，AE 段上的对流便被消除了。

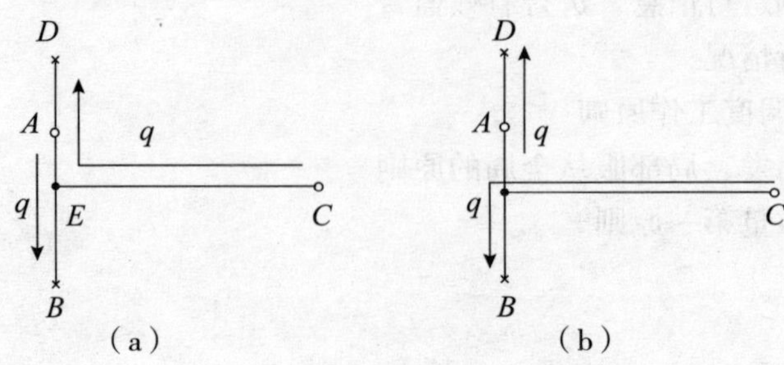

图 3 -3　对流与无对流示意

结合图 3 -3（a）、（b），可得如下结论：当运输线路不形成圈时，只要调运方案的流向图不出现对流，那么这个调运方案一定是最好的。

2. 迂回

所谓迂回就是在运输线路四通八达的条件下，货物不是就近运到收点，而是舍近求远，绕道把同种同量货物由发点运到收点。现以运输线路形成一个闭合回路（成圈）的情况为例，分析如下。

（1）单圈线路，有一个收点 C，一个发点 A 的情况，如图 3 -4 所示：

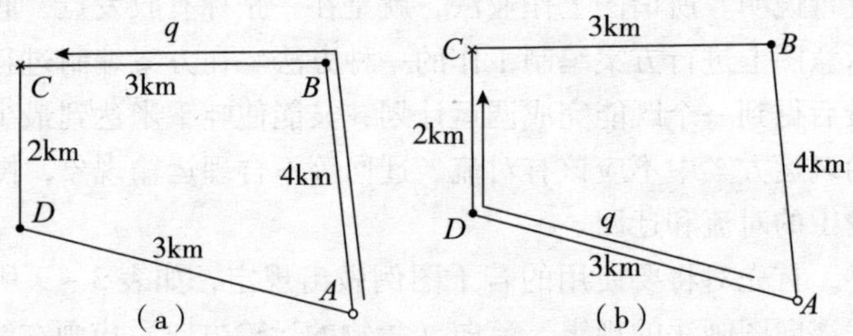

图 3 -4　迂回与无迂回示意

图 3 -4（a）存在迂回，图 3 -4（b）则不存在迂回。

（2）单圈线路，有 F、B 两个收点，H、D 两个发点的情况，如图 3 -5 所示：

在线路成圈的情况下，根据流向图画法的要求，表示流向的箭线可能位于圈内，也可能位于圈外，分别称为内圈或外圈流向。对于运输线路是否存在迂回情况有以下结论：

图 3 -5（a）的货物运输线路存在迂回，图 3 -5（b）则不存在迂回。

只要使内圈或外圈流向长度小于等于圈长的一半，就能保证这个方案一定是一个没有迂回的合理调运方案。对多圈、多收发点的情况亦可得到同样的结论。

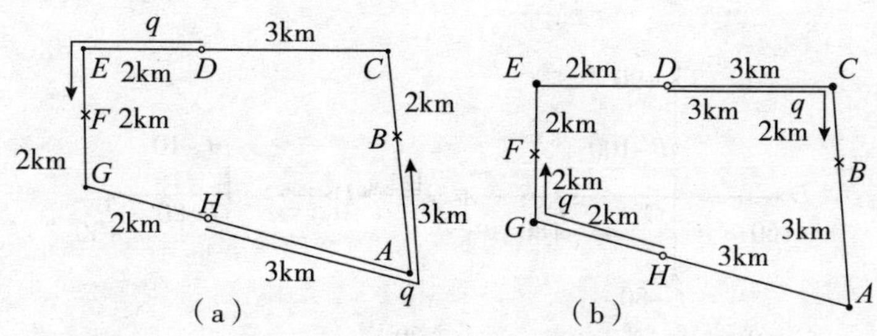

图3－5 迂回与无迂回示意

3. 线路不成圈时的图上作业法

下例可以说明这种图上作业法。

例：假定某实际问题有A、B、C三个发点和D、E、F三个收点，发点的输出量与收点的输入量及各点之间的道路如图3－6所示，产销平衡。请确定车辆运输路线及调运量。

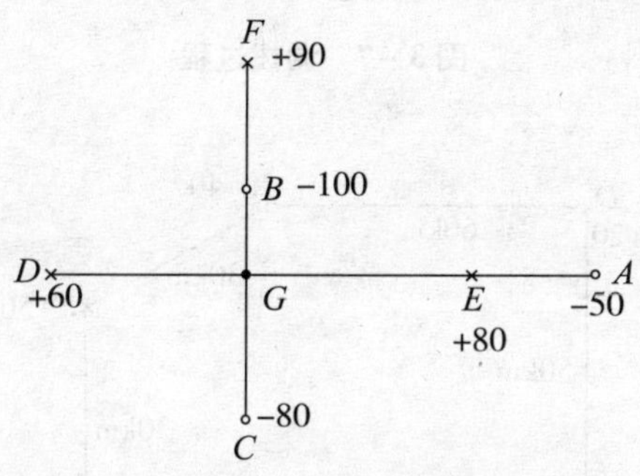

图3－6 线路示意

图上作业法的步骤如下：

从图3－6可知，本问题的交通线路不含圈，因此只需避免出现对流即可。

第一步：根据就近供应的原则编制初始方案，具体调拨过程如图3－7所示。

说明：过程①是将发点A的50供给靠近它的收点E，将发点C的80供给靠近它的线路交叉点G，收点F所需90由靠近它的发点B供给。过程②是将发点B所余的10供给靠近它的线路交叉点。过程③是将收点D、E所需的60、30由交叉点G供给。过程④是上述过程的综合。

4. 线路成圈时图上作业法

下例可以说明这种图上作业法。

例：设某实际问题有A、B、C三个发点，发量分别为40t、30t、30t；有D、E、F三个收点，收量分别为20t、30t、50t；收发平衡，收、发点位于一个线路成圈的交通网上，如图3－8所示。利用图上作业法编制这个实际问题的最佳调运方案。

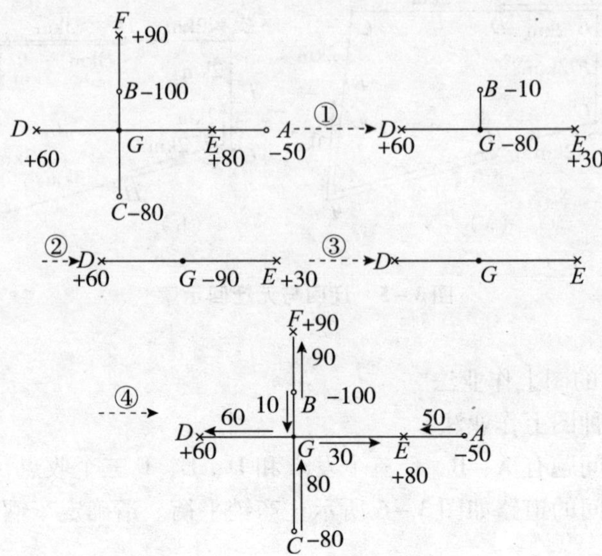

图 3－7　调拨过程

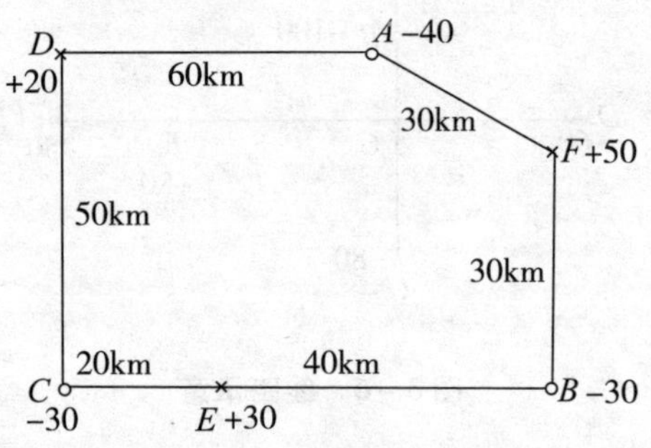

图 3－8　交通线路示意

从图 3－8 可以看到，本问题的运输线路构成了一个闭合的圈，因此需要避免对流和迂回的发生。具体步骤如下：

第一步：破坏掉运输线路中的圈，然后按无圈线路的方法编制初始方案。破坏掉线路中的圈时，一般先去掉圈中的最长线段。具体过程如图 3－9 所示。

说明：过程①，去掉 AD 段；过程②，按线路无圈的情况，编制初始方案。

第二步：初始方案若含有对流线路，应当立即调整方案；若无对流，计算内外圈流向长度，看是否超过了圈长的一半，即是否存在迂回现象。

本问题为：

①流向图中不存在对流线；

②圈长＝60＋30＋30＋40＋20＋50＝230km

外圈长＝20＋30＝50km ＜ 115km

内圈长＝30＋40＋50＝120km ＞ 115km

方案存在迂回现象，不符合要求，须进行调整。

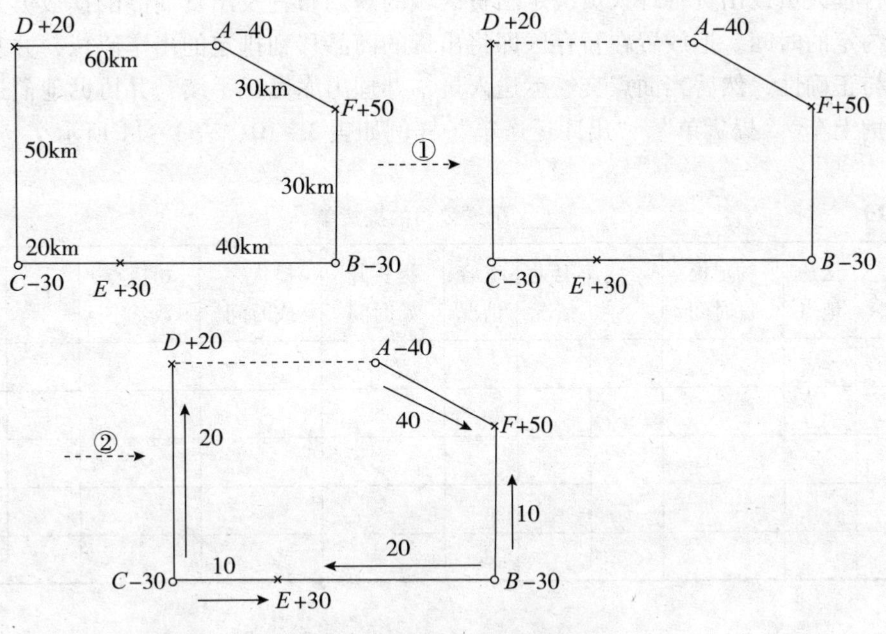

图 3－9 运输方案编制过程

第三步：在超过圈长一半的内圈或外圈流向中选择处于开口处并且运输量最小的线段，将其流量反向加于另一个流向上的邻近线段（去长补短），并调整整体方案，然后对内外圈的圈长再做检查，重复以上过程，直至线路中不含有迂回为止。

本问题，由第二步得知初始方案流向中内圈流向长 120km，超过了全圈长之半（115km），因而应当去长补短，在内圈流向中处于开口处并且运量小的线路是 DC 段，故将其流量 20 反方向加于外圈流向中的 CE 段。于是将初始方案调整成为如图 3－10 所示的新方案。

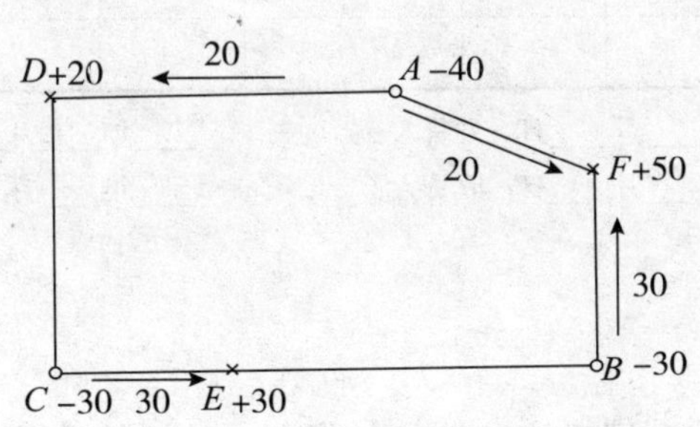

图 3－10 调整后运输方案

此方案中，内外圈流向长均小于全圈长之半，圈中无迂回，所以这个方案是最优方案。

步骤三 提货与发货

货物输送首先必须完成货物出库作业，发货作业的主要任务是：根据客户订单为客户打印出货单据，制定出货调度，打印出货批次报表、出货商品上所需地址标签及出货核对表；仓库管理人员或出货管理人员决定出货区域的规划布置及出货商品的摆放方式。出货人员依照约定的时间，把放置在暂存区即将出货的商品移到排定的出车码位，并复核商品的完整性与正确性，然后当面点交给运送人员，办理出库发运手续，并协助他们进行车辆配载、装货上车。“提货单”、“出库运送单”样例如表3－10、表3－11所示。

表3－10 ______配送公司的提货单

提货日期	车号	送达地点	约定提货时间	车况	卫生情况	车容情况	提货开始时间	提货完成时间	司机点数签字	封号	存在的问题

表3－11 ______配送中心配送商品出库运送单

收货单位：______出货单位：______出库运送单编号：______

商品名称	规格	商品编码	单位	零售价格	数量	金额	运输包装数	备注

制单人：　　　　　____年____月____日　发货人：　　　　　____年____月____日
运送人：　　　　　____年____月____日　收货人：　　　　　____年____月____日

步骤四　车辆配装

配装也称配载，指充分利用运输工具（如货车、轮船等）的载重量和容积，采用先进的装载方法，合理安排货物的装载，在配送中心的作业流程中安排配载，把多个用户的货物或同一用户的多种货物合理地装载于同一辆车上，不但能降低送货成本，提高企业的经济效益，还可以减少交通流量，改善交通拥挤状况。根据不同的配送要求，在选择合适的车辆的基础上对车辆进行配装以提高利用率，是送货的一项主要工作。配装是配送系统中具有现代特点的功能要素，也是配送与一般送货的重要区别之一。

由于配送货物品种、特性各异，为提高送货效率，确保货物质量，必须首先对特性差异大的货物进行分类。在接到订单后，将货物按特性进行分类，以便分别采取不同的送货

方式和运输工具，如按冷冻食品、速食品、散装货物、箱装货物等货物类别进行分类配载；其次，配送货物也有轻重缓急之分，必须初步确定哪些货物可配于同一辆车，哪些货物不能配于同一辆车，以做好车辆的初步配装工作。

（一）配送车辆配载技术

配送车辆配装技术要解决的主要问题就是在充分保证货物质量和数量完好的前提下，尽可能提高车辆在容积和载货两方面的装载量，以提高车辆利用率，节省运力，降低配送费用。具体车辆配装要根据需配送货物的具体情况以及车辆情况，主要是依靠经验或简单的计算来选择最优的装车方案。解决车辆配装量问题，在数据量小时还能用手工计算，但数据量大时，依靠手工计算将变得非常困难，需用数学方法来求解。现在已开发出车辆配装的软件，将配送货物的相关数据输入计算机，即可由计算机自动输出配装方案。

1. 配装注意事项

（1）明确订单内容。

（2）了解货物的性质。

（3）明确具体送货地点和时间。

（4）适当选择配送车辆。

（5）选择最优的配送路线。

（6）充分考虑各作业点的装卸时间。

2. 货物拼装运输应注意的事项

（1）液体不与固体拼装。

（2）毒害物品不与食品拼装。

（3）有不良气味的物品不与茶叶、香烟、大米等食品拼装。

（4）危险货物不与一般货物拼装。

（5）车厢潮湿、防雨设备不良的，不装粮食、绸布、纸张等怕湿物品。

（6）易碎物品、易磨损的袋装货物不与包装不规则的笨重及贵重物品拼装。

（7）挂车不装易碎、怕震及贵重物品。

知识链接

车辆配载的原则

（1）轻重搭配的原则。

（2）大小搭配的原则。

（3）货物性质搭配原则。

拼装在一个车厢内的货物，其化学性质、物理属性不能互相抵触。

（4）到达同一地点的适合配装的货物应尽可能一次配载。

将重货置于底部，轻货置于上部，避免重货压坏轻货，并使货物重心下移。

（5）确定合理的堆码层次及方法。可根据车厢的尺寸、容积，货物外包装的尺寸来确定。

（6）装载时不允许超过车辆所允许的最大载重量。

(7) 装载易滚动的卷状、桶状货物，要垂直摆放。

(8) 货与货之间，货与车辆之间应留有空隙并适当衬垫，防止货损。

(9) 装货完毕，应在门端处采取适当的稳固措施，以防开门卸货时，货物倾倒造成货损。

(10) 尽量做到“后送先装”。

(二) 提高车辆装载效率的具体办法

1. 研究各类车厢的装载标准，根据不同货物和不同包装体积的要求，合理安排装载顺序，努力提高装载技术和操作水平，力求装足车辆核定吨位。

2. 根据客户所需要的货物品种和数量，调派适宜的车型承运，这就要求配送中心根据经营商品的特性，配备合适的车型结构。

3. 凡是可以拼装运输的，尽可能拼装运输，但要注意防止差错。

配送车辆的载重能力和容积能否得到充分的利用，与货物本身的包装规格也有很大关系。小包装的货物容易降低亏箱率，同类货物用纸箱比用木箱包装亏箱率要低一些。但是，亏箱率的高低还与采用的积载方法有关，所以说，恰当的积载方法能使车厢内部的高度、长度、宽度都得到充分的利用。

由于配送作业本身的特点，配送工作需要车辆一般为汽车。由于需配送的货物属于不同性质、不同种类，对装卸、受力、防震等有不同的要求，而且其比重、体积以及包装形式各异，怎样才能充分利用车辆容积，在装车时，需要合理安排，科学装车，既要考虑车辆的载重量，又要考虑车辆的容积，使车辆的载重量和容积都能得到有效的利用，同时又便于装卸，不会损坏货物。

因此，配送部门既要按订单要求在运送计划中明确运送顺序，又要安排理货人员将各种所需的不能混装的商品进行分类，同时还应按订单标明到达地点、用户名称、运送时间、商品明细等，最后按流向、流量、距离将各类商品进行车辆配载。装车顺序或运送批次一般按用户的要求进行安排，但对同一车辆共送的货物装车则要将货物依照“后送先装”的顺序进行。然而，有时在考虑有效利用车辆空间的同时，可能还要根据货物的性质(怕震、怕压、怕撞、怕湿)、形状、体积及重量等，做出弹性调整，如轻货应放在重货上面，包装强度差的应放在包装强度好的上面，易滚动的卷状、桶状货物要垂直摆放等。此外，对于货物的装卸方法也必须依照货物的性质、形状、重量、体积等来做具体决定。

步骤五　装车、发车

装车总的要求是“省力、节能、减少损失、快速、降低成本”。装车前应对车厢进行检查和清扫。因货物性质不同，装车前需对车辆进行清洗、消毒的，必须达到规定要求。装车过程中应防止货物的混杂、散落、漏损、砸撞，特别要注意有毒货物不得与可食用的货物混装，性质相抵触的货物不能混装。装车的货物应数量准确，捆扎牢靠，做好防丢措施。

(一) 装车堆积

堆积是在具体装车时，为充分利用车厢载重量、容积而采用的方法。一般是根据所配送货物的性质和包装来确定堆积的行、列、层数及码放的规律。

根据货物的不同堆积方式分为行列式堆积方式和直立式堆积方式两种。

1. 堆积应注意的事项

(1) 堆积方式要有规律、整齐。

(2) 堆积高度不能太高。

车辆堆装高度一是受道路高度限制；二是道路运输法规规定，如大型货车的高度从地面起不得超过4m，载重量1000kg以上的小型货车不得超过2.5m，载重量1000kg以下的小型货车不得超过2m。

(3) 货物在横向不得超出车厢宽度，前端不得超出车身，后端不得超出车厢的长度范围：大货车不超过2m；载重量1000kg以上的小型货车不得超过1m；载重量1000kg以下的小型货车不得超过0.5m。

(4) 堆积时应重货在下，轻货在上；包装强度差的应放在包装强度好的上面。

(5) 货物应大小搭配，以利于充分利用车厢的载容积及核定载重量。

(6) 按顺序堆码，先卸车的货物后码放。

2. 装车的基本要求

(1) 装车前应对车厢进行检查和清扫；

(2) 确定最恰当的装车方式；

(3) 合理配置和使用装车机具；

(4) 力求减少装车次数；

(5) 防止货物装车时的混杂、散落、漏损、砸撞；

(6) 装车的货物应数量准确，捆扎牢靠，做好防丢措施；

(7) 提高货物集装化或散装化作业水平；

(8) 做好装车现场组织工作。

知识链接

装卸机械设备的使用制度

(1) 各种需用叉车等装卸工具搬运的物品，在运输前必须将产品合理叠放在卡板上，外包装上有特别标识的物品，必须按标识要求叠放。

(2) 装卸人员应根据物料箱的大小及其重量，选择合适的卡板叠放货物，物料拉到指定的存放仓库。

(3) 铲车或叉车在对产品进行运输作业前，为防止物品途中散落，必须绑带。

(4) 使用铲车或叉车运输作业时，应采用中速步伐行进，当转弯或遇路面有变化以及进出电梯时，应预先减速，在整个装卸作业过程中，做到对物品轻拿、轻放，严禁野蛮装卸。

(5) 对每辆车最后一排所装的物品，物品的重心应摆向车头方向，并在车厢加防护拉杆或防护带，以防车辆在开、关门时，物品从车上跌落。

(6) 使用叉车搬运的人员，禁止站在叉车上滑行，使用铲车作业人员，必须持有效的上岗合格证方可操作铲车。

（二）绑扎

绑扎是指在配送货物按客户订单全部装车完毕后，为了保证货物在配送运输过程中的完好，用金属或塑料对运输货物进行水平方向、垂直方向及交错式捆扎，以防止货物在运输过程中摇晃，以及为避免车辆到达各客户地点卸货开厢时出现货物倾倒，而在发车输送货物之前必须进行的一道工序。

1. 绑扎绳

常用的绑扎绳有钢带、塑钢带、塑料绑扎带及尼龙绳等。

钢带具有较高的抗拉强度和较低的张力松滞性，适用于日光、热、冷等各种恶劣条件的流通环境，但是它不耐腐蚀，容易生锈，不能用于软包装的紧固，适合木箱等刚性外包装容器的紧固。

塑钢带又称 PET 打包带，聚酯带，是目前国际上流行的替代钢带的新型绑扎带，该产品既具有钢带的拉力，又具有塑料带的柔性，克服了钢带弹性差、易锈蚀、价格高等缺点，被广泛应用于木材、钢铁、铝材、化纤、棉纺、烟草、纸业、金属制罐、耐火材料等行业，并且在运输包装重物的托盘绑扎等方面，逐渐得到推广和应用。

聚乙烯、聚丙烯、聚氯乙烯、聚酯和聚酸胺等塑料绑扎带质轻，不生锈，不吸水，具有一定的弹性，适合于纸箱、瓦楞纸箱的绑扎。使用塑料带绑扎包装箱时要注意两个问题，一方面张力要适中，避免断带；另一方面应在保证纤维箱紧固的前提下，尽可能减少纤维箱的变形。

常用的绑扎钢带、塑钢带、塑料绑扎带及尼龙绳如图 3 – 11 ~ 图 3 – 13 所示。

图 3 – 11　绑扎绳（钢带）

图 3 – 12　绑扎绳（塑钢带）

图 3 – 13　绑扎绳（尼龙绳）

2. 绑扎形式与绑扎方法

绑扎有以下几种形式：单件捆绑；单元化、成组化捆绑；分层捆绑；分行捆绑；分列捆绑。

绑扎的方法有：平行绑扎、垂直绑扎和相互交错绑扎。

3. 绑扎机械

绑扎作业可通过绑扎机械的操作来完成。绑扎机械是利用带状或绳状绑扎材料将一个或多个包件紧扎在一起的机器，属于外包装设备。目前我国生产的绑扎机基本上采用塑料带作为绑扎材料，利用热熔搭接的方法使紧贴包件表面的塑料带两端加热加压黏合，从而达到捆紧包件的目的。绑扎机械品种多样，在选用时主要应考虑以下因素：

（1）包件批量

为尽可能提高机器的利用率，降低使用成本，首先应根据包件数量和绑扎道数来确定

选用机器的自动化程度。自动绑扎机的绑扎速度要比半自动绑扎机快得多，国产自动绑扎机每分钟可捆 2 ~ 30 次，半自动绑扎机则由于需要人工送包件绑扎，每分钟可捆 12 次；国外自动绑扎机的绑扎速度一般为每分钟 24 ~ 34 次，半自动绑扎机绑扎速度为每分钟 14.33 次。因此，对于小批量生产的产品绑扎，以选用半自动绑扎机为宜，既可充分利用机器，又可降低使用成本；在大中批量生产的情况下（一般每班所需绑扎次数大于 2000 次），则应选用自动绑扎机。

（2）包件尺寸

绑扎机除了在绑扎速度上存在差异外，在结构上也有很大的区别。标准型全自动和自动绑扎机，最小绑扎尺寸为 50 毫米 ×80 毫米，最大绑扎尺寸可达 800 毫米 ×800 毫米，适用于流水线作业的低台自动绑扎机，最大绑扎尺寸即 800 毫米 ×800 毫米。而半自动绑扎机是利用手工穿带进行绑扎的，最大绑扎尺寸可不受限制。机械式自动绑扎机适用于纸箱、木箱、塑料箱、信函、包裹、书刊等多种包件的绑扎。

常用的绑扎机械如图 3 – 14、图 3 – 15 所示：

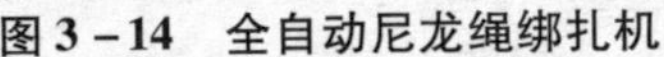

图 3 – 14　全自动尼龙绳绑扎机

图 3 – 15　拉紧器、绑扎器

4. 绑扎时要注意的事项

（1）绑扎端点要易于固定而且牢靠；

（2）可根据具体情况选择绑扎形式；

（3）应注意绑扎的松紧度，避免货物或其包装损坏。

步骤六　送货

根据运送计划所确定的最优路线，选择交通路线时一定要及时了解交通路况信息，在规定的时间及时、准确地将货物运送到客户手中，在运送过程中要注意加强对运输车辆的考核与管理。

（一）GPS 车辆跟踪、定位与监控系统

车辆跟踪系统中，可以利用 GPS 和电子地图实时显示出车辆的实际位置并随目标移动，使目标始终保持在屏幕上；也可打开多窗口，对多车辆实现多屏幕同时跟踪。同时，还应提供出行路线的规划和导航，规划路线可实现自动规划，也可进行人工设计。信息查

询系统中，用户能够在电子地图上根据需要进行查询。

话务指挥系统中，指挥中心可以监测区域内车辆的运行状况，对被监控车辆进行合理调度。指挥中心也可随时与被跟踪目标通话，实行管理。

紧急援助系统中，可以通过GPS定位和监控管理系统对遇有险情或发生事故的车辆进行紧急援助。监控台的电子地图可显示求助信息和报警目标，规划出最优援助方案，并以报警声、光信号提醒值班人员进行应急处理。

（二）送货车辆的行车作业管理

由于送货主要是短距离的卡车运输，因此，送货车辆的行车作业管理也是送货作业管理的重要内容。

尽管人们可以通过建立数学模型使运输路线优化，利用计算机管理软件对车辆进行合理的调度、对货物实行有效配装，配送计划可以做得非常周详，但影响货物输送效率与配送服务质量的因素很多，其中不乏许多不可预期的因素。在货物的输送过程中，往往会出现因临时的交通状况发生变化、天气变化、行车人员在外不按指令行车或外部驾驶过程中突发安全事故等难以直接控制或不可控因素的影响而导致货物输送不能如期到达、货物受损等情况，从而使输送成本上升，最终影响配送服务质量与配送效益。因此，在货物输送管理中必须加强行驶作业记录管理和行车作业人员的考核与管理。

1. 行驶作业记录管理

行驶作业记录管理主要有驾驶日报表管理方式、行车作业记录卡管理方式和行车记录器管理方式。

（1）驾驶日报表方式通过行车驾驶人员填写“汽车驾驶日报表”来记录货物输送作业过程。汽车驾驶日报表如表3－12所示。

表3－12　　汽车驾驶日报表

日期：　　年　　月　　日　　　　星期　　　　温度　　度　　　　单位

卡车号码	驾驶员	运送内容	作业时间（h）				行走（km）		燃料（L）	输送量（t）	同乘者	运费（元）	收款人运费计算				其他
			开始	终了	移动时间	合计	实际	空车					收款人	运费	人事费用	合计	

合计值	作业时间		行走千米		输送吨数		燃料升数		人事费用		支付费用	
	本日	累计	本日	累计	本日	累计	本日	累计	本日	累计	本日	累计

利用表单对配送车辆驾驶情况做记录，除了能随时对车辆与驾驶员的品质及负担作评估调整外，也能反映出事前配送规划的效果，为后续营运配送计划管理提供参考。

（2）行车作业记录卡管理方式

即对行车作业实行定时划卡制度。以日本大型连锁集团伊藤洋华堂集团为例，它们对配送车辆输送行车作业实行了高效管理方式。具体的方法是设立定时配送、划卡制度。即每一台配送车辆到店时要划卡，离店时也要划卡，到店至离店的时间为卸货和验货的时间。配送中心根据信息中心获取的 POS 系统的信息来掌握配送车辆到店和离店的时间，分析运送作业、货物抵达后的交、接货作业效率。如果发现配送车辆比规定的时间早到或晚到店 15 分钟（早到无接货人；晚到则会使商店失去最佳销售机会），总部的职能部门就要按照合同规定，对运输的当事者处以罚款（委托运输公司运输的情况一样）。对配送车辆每到一店都实行同样的划卡制度，这样负责商品配送的配送中心就能掌握车辆在途时间，从而规划较为合理的配送路线，以确保物流的通畅，使各连锁分店能够顺利地运营。

（3）行车记录器方式

行车记录器的用途很广，只要是牵涉货品配送而且想要好好管理的配送业者，都可将它运用在车辆行车配送上。目前国内外已开始采用随车温度记录器及行车记录器方式，以便对车辆配送情况作即时详细的掌握。

利用温度记录器可以随时监控车内温度状况。温度记录器多设置在货品温度需要控制的配送车上，例如，对冷冻、冷藏食品的配送，温度记录器可提供随时监控管理的功能，一旦货柜的温度过高或过低，温度记录器就会马上发出警讯提醒配送人员注意，必须采取措施，并且这些资料的记录数据可供事后管理人员检查。

利用行车记录器可以掌握车辆配送过程中的行驶记录。行车记录器最主要的功能就是能掌握车辆配送过程中的行驶状况，包括时间、里程数、行驶速度等。目前行车记录器有数字行车记录器和刷卡行车记录器。刷卡式行车记录器主要由中央处理器、显示电路、数据传输接口、状态选择装置、放大整形器、车轮转动传感器构成的计程装置和读卡器组成，主要用于企事业单位内部用车的管理，为企事业单位车输管理的计算机化提供途径。在配送货物的车辆中通常安装使用数字式行车记录器，如图 3－16 所示。

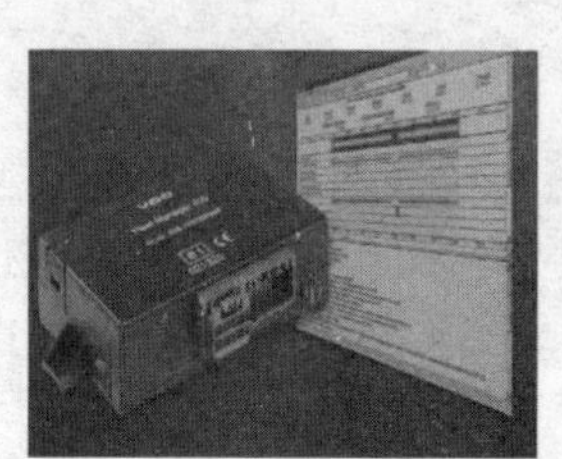

图 3－16　数字式行车记录器

数字式行车记录器模块构成：

（1）主控制器——设有数组输出入埠，并连接记忆单元；数组模拟信号连接接口，通过信号转换单元连接主控制器输入埠，并连接至车辆机件传感器；数组数字信号连接接口，连接主控制器输入埠，并连接车辆机件传感器；

(2) 无线通信模块——连接至主控制器输出入埠，与远程主控台构成无线双向通信；

(3) GPS 模块——连接主控制器输入端口；

(4) 显示器——输入端连接主控制器输出埠。当设置该行车记录器在车上时，可通过 GPS 接收模块取得车辆行进相关资料，并通过各模拟/数字接口与车内构件感应器连接，监控车辆车况并储存，另通过无线通信模块与后端主控台构成双向联机后，回传相关实时车况至主控处，可确实且迅速掌握车辆状况。

2. 行车作业人员绩效考核与管理

为了确保行车作业能按配送计划有效运行，需要对行车作业人员的绩效进行考核和管理。对行车作业人员进行考核的数据，可以通过填报“驾驶成绩报告书”、“配送人员出勤日报表”、“车辆事故报告表”、“送货日报表”、“送货统计表”、“运输月报表”等表格来反馈相关信息。相关表格如表 3－13～表 3－16 所示。

表 3－13　　驾驶成绩报告书

日期：　　年　　月　　日　　　　　　　　单位：

车辆号码	工作日数（日）	总车辆数（辆）	行走距离（km）	输送数量	燃料（L）	其他
合计						

表 3－14　　配送人员出勤日报表

趟次编号：　　　　　　车号：　　　　　　车种：

驾驶员姓名：　　　　　配送员姓名：　　　　　　年　　月　　日

报到、交货地点	计划时间	到达时间	离开时间	经过时间	里程数	冷冻、冷藏温度	卸货箱数	送货单据号码	备注（延迟送达原因）

表 3－15　　车辆事故报告表

报告时间：

事故发生时间			
事故发生地点			
事故发生车辆牌号			
事故发生种类	1. 人员相撞（□轻伤　□住院　□重伤　□病危　□死亡） 2. 车辆本身（□颠覆　□冲撞　□冲出路外　□零件损坏　□其他） 3. 车辆间相撞（□擦撞　□追撞　□冲撞　□其他）		
事故发生车辆情况			
驾驶员姓名		车辆同行人员	
鉴证人员姓名			
其他			

表 3－16　　送货统计表

日期				货品名	编号	数量	单价	金额	物品供应状况		
订货	接单	最迟抵达	送达								

（三）货物合理输送的影响因素

影响货物输送效果的因素很多，既有动态因素，也有静态因素。主要影响因素有：

1. 城市交通状况

如车流量变化、道路施工、天气气候变化以及城市车辆运行限制等。

2. 车辆因素

配送企业配送运输可以自备车辆，也可以利用社会车辆服务，自备车辆运输能力、配送车辆故障、社会车辆服务质量等都会影响配送运输的及时性。

3. 管理因素

如所选择的配送计划线路不当、驾驶人员的责任心不强、中途卸货不及时等均会造成时间上的延误。

各种因素互相影响，很容易造成送货不及时、配送路径选择不当、延误交货时间等问题。因此，对配送运输的有效管理极为重要，否则不仅影响配送效率和信誉，而且将直接导致配送成本的上升。

步骤七　送达、交割与回访

当货物送达要货地点后，送货人员应协助收货单位将货物卸下车，放到指定位置，并与收货单位收货人员一起清点货物，做好送货完成确认工作（送货签收回单）。同时，请客户填写好相应表单，相关表单如表 3－17～表 3－19 所示。如果有退货、调货的要求，则应将退货商品或调换商品随车带回，并完成有关单证手续（详细内容见后面退货作业）。

（一）送达、交割

送货业务员与收货人交接时，送货业务员按运单所注明的收货人地址送货上门，并请收货人出示有效证件，由送货业务员在运单上登记，并标注日期、时间，请收货人签字。收货人不在时，允许收货人家属或同单位人员代领，但必须认真核对单位公章、代领人的有效证件，请代领人在运单上签字。若不符合条件的代领人急需取货时，须请代领人要求托运人到始发地办理变更收货人的手续后方可交付。如无合适代领人，送货人员须留下“到货通知卡”，并主动与收货人联系，商定再次送货时间。严禁将货物交给非收货单位的人员。同时在运单上标明送货时间及未送出原因。

客户如要求变更地址时，若改后地址为同一地名或就在附近，可同意变更。若地址相差较大，则须由发货分公司发出“变更地址传真”后再送货；或请收货人签收之后，再办理市内转运，送货方核收转运费用。对于“货到付款”的货物，送货业务员应先向客户核收到付运费后再交付货物。

如果客户要求开箱验货，应先向其解释运输条款中有关“以外包装完好为交付条件”的规定，请客户先在运单上标注“包装完好、票货相符”，再开箱查验。若货物破损、客户拒收的，可拉回公司处理；客户愿意收货的，就办理交付手续。

送货人员帮助及指导接货人员正确卸货，保证货物完好无损。装卸机械设备及其使用制度见前面装车作业。

卸货的基本要求：

（1）确定最恰当的卸货方式；

（2）合理配置和使用装卸机具；

（3）力求减少搬运次数；

（4）防止货物装卸时的混杂、散落、漏损、砸撞；

（5）卸货时应清点准确，码放、堆放整齐，标志向外，箭头向上；

（6）提高货物集装化或散装化作业水平；

（7）做好卸货现场组织工作。

（二）回访

交接完毕，办理完交付手续。由送货业务员向客户提供“汽车运输单”、“运输记录表”及“配送运输质量跟踪表”（见表3－17～表3－19），请客户按要求填写，送货员将这些反馈信息带回公司处理。

表3－17　　　　　　　　　　　　汽车运输单

托运人：　　　　　　　　　　车属单位：　　　　　　　　　　　　牌照号：

装货地点				发货人			地址			电话		
卸货地点				收货人			地址			电话		
运单及货签号码			计费里程		付货人			地址			电话	
货物名称	包装形式	数	实际重量（吨）	计量运输量		吨千米运价			运费金额	其他收费		运杂费小计
				吨	吨千米	货物等级	道路等级	运价率		费目	金额	
运杂费合计金额（大写）												
备注												
收货人签收盖章												

表3－18　　　　　　　　　　　　运输记录表

运输起点		运输终点	
运输起止时间	__年__月__日__时—__年__月__日__时		
逾期时间（天）		逾期罚款	
运输里程	运输重量		吨千米
短损情况（吨）			
公路	铁路	海运	航空
运输费用		获赔金额	
装卸费用		报损金额	
承运者签字			
备注			

表 3-19　　某企业配送运输质量跟踪表

______客户经营部：

我公司承担____配送业务，我们对质量的承诺是：安全准确、文明储运、优质高效、客户至上。为了实现上述承诺，不断改进服务质量，恳请贵经营部真实填写以下栏目：

项目			
1. 送货汽车车号			
2. 送货人员服务态度	好○	一般○	差○
3. 送货汽车车况	好○	一般○	差○
4. 装载是否合理	是○		否○
5. 送达货物的品名、规格、数量是否与送货清单相符	是○		否○
6. 到货是否准时	是○		否○
7. 货物污染、淋湿、破损情况及程度			
8. 在哪些方面还需改进请提宝贵意见			

填表人：　　　　填表时间：

步骤八　销单与费用结算管理

送货人员将货物送完后，到销单处进行销单时，由送货人将结算联与客户回执联按顺序逐一摆放，并在客户回执联与结算联签上所属的运输公司名称、车号；如果送货车为个人车辆，则需要在结算联与客户回执联上签上“个人”及车号等字样。送货地点无论是远郊或是近郊，都需要在结算联上标注清楚。

送货人交单时，销单员需将结算联与客户回执联认真核对，首先看型号是否相符，客户是否在回执联上签收“客户本人的姓名、货收几件、外观无损”等字样。经核对无误后，送货人与销单员做单据交接，交接时需注明当天日期、送货人所属公司（个人）名称、车号、件数及送货人签名；销单完毕后，待送货人取派工单时，需由送货人在交接本上注明拿单日期及姓名，此交接本需妥善保管，以备留查。

销单结束后，销单员将送货结算联交财务部门结算，并将用户回执联按日期放入单据柜，由销单人员装订成册，并妥善保管，以备留查。整个送货过程的业务就此顺利完成。

步骤九　货运事故处理

（一）货运事故发生的原因

造成货运事故的因素很多，大体可分为主观因素和客观因素两大类。

一般来说，主观因素包括以下几个方面：

（1）管理上没有形成完善的货物运输安全保障体系，规章制度不健全，职责不清，管理不严；

（2）职工业务素质低，规章不熟悉，责任心不强，违章作业；

（3）设备维修养护不善（如仓库漏雨，篷布及装卸机具维修、保养质量不良等）。

一般而言，客观因素包括以下诸方面：

（1）不可抗力的自然灾害（如洪水、地震、海啸、特大风暴等）。

（2）科技知识水平和认识上的局限。

（3）货运设备不足（如冷藏车、棚车不足，以敞车代用，影响怕湿、易腐货物运输质量；雨棚、仓库不够，怕湿货物露天堆放等）。

（4）托运人、收货人、押运人的责任（如匿报、错报货物品名、少报重量，包装不良，押运人措施不当，运单填记错误等）。

（5）路内外盗窃、诈骗分子蓄意犯罪。

（6）货物本身性质所造成（如货物自然减量，自燃，放射性物品衰变等）。

事故的发生虽然有其偶然性，但偶然性中蕴涵着必然性。如果有关技术设备不正常，人员操作技能低下，不懂或不接受规章制度的约束，以及由于认识上的局限，规章制度有错漏不能有效保障货物运输安全等，其中任何一项都可以成为事故的必然条件，导致事故的发生。而对这些必然条件起主导作用的是人，只要通过严格管理，加强培训，遵章守纪，正确维护和运用运输设备，绝大多数事故是可以避免的。

（二）货运事故责任划分

承运人自承运货物时起至将货物交付时止，对货物发生的灭失、短少、变质、污染、损坏承担赔偿责任，但下列原因造成的损失，承运人不承担赔偿责任：

（1）不可抗力；

（2）货物本身自然属性、合理损耗；

（3）托运人、收货人、押运人的过错。

由于托运人、收货人的责任或押运人的过错，使铁路运输工具、设备或第三者的货物造成损失时，托运人、收货人应负赔偿责任。

（三）货运事故处理

发生或发现货运事故时，车站应在当日按批编制货运记录，记录有关情况。托运人组织装车，收货人组织卸车的货物，交接无异状，收货人提出货物有损失或依据有关规定，需作证明时，应编制普通记录。

货物发生损坏或部分丢失，不能判明事故发生原因或损坏程度时，承运人与收货人或托运人协商，也可邀请鉴定人进行鉴定，鉴定结果编制货运事故鉴定书。

在货物运输过程中，如发现违反政府法令，危及运输安全等情况，承运人依据有关规定进行处理，将处理结果编制记录，随运输票据递交到站处理。承运人无法处理的意外情况，立即通知车站转告托运人或收货人处理。

货运事故发生后，处理单位通知有关各方组织调查分析，确定货物损失事故原因和事故责任单位，并根据有关规定做出赔偿处理。

（四）货运事故赔偿数额按以下规定办理

（1）货运事故赔偿分限额赔偿和实际损失赔偿两种。法律、行政法规对赔偿责任限额有规定的，依照其规定；尚未规定赔偿责任限额的，按货物的实际损失赔偿。

（2）在保价运输中，货物全部灭失，按货物保价声明价格赔偿；货物部分毁损或灭失，按实际损失赔偿；货物实际损失高于声明价格的，按声明价格赔偿；货物能修复的，按修理费加维修取送费赔偿。保险运输按投保人与保险公司商定的协议办理。

（3）未办理保价或保险运输的，且在货物运输合同中未约定赔偿责任的，按本条第（1）项的规定赔偿。

（4）货物损失赔偿费包括货物价格、运费和其他杂费。货物价格中未包括运杂费、包装费以及已付的税费时，应按承运货物的全部或短少部分的比例加算各项费用。

（5）货物毁损或灭失的赔偿额，当事人有约定的，按照其约定，没有约定或约定不明确的，可以补充协议，不能达成补充协议的，按照交付或应当交付时货物到达地的市场价格计算。

（6）由于承运人责任造成货物灭失或损失，以实物赔偿的，运费和杂费照收；按价赔偿的，退还已收的运费和杂费；被损货物尚能使用的，运费照收。

（7）丢失货物赔偿后，又被查回，应送还原主，收回赔偿金或实物；原主不愿接受失物或无法找到原主的，由承运人自行处理。

（8）承托双方对货物逾期到达，车辆延滞，装货落空都负有责任时，按各自责任所造成的损失相互赔偿。

（五）事故责任分歧处理

托运人，收货人与承运人双方对事故责任有分歧，应依照下列程序解决：

（1）双方协商解决；

（2）协商解决尚不能达成一致意见，一方可申请合同管理机关进行调解、仲裁；

（3）向人民法院起诉，由法院审理判决。

提赔人不论采取哪种方式，均必须在收到对方答复的60日内提出，超过这个期限各方均不予受理。经人民法院判决的案件，当事人一方对判决不服的，必须在判决书指定的日期内上诉，期满不上诉的，判决即付诸实施。

步骤十　送货作业绩效评价

送货成本是构成配送成本的一个重要部分，因此要对配送运输进行详细核算，同时还要评价送货作业的绩效。可以通过编制“配送运输效率—质量分析表”、“配送运输成本明细表”及“配送运输品类绩效分析表”，进行对比计算来完成送货作业效率的高低的分析，如表3-20～表3-22所示。

表 3－20　　　______分公司______区域______月配送运输效率—质量分析

填报部门：　　　　负责人：　　　　日期：

序号	项目	计算单位	计算公式	本月值	比上月±	备注
1	日均配送运输量	件/天	月度配送运输量/天数			
2	单日配送运输最高峰值	件/天	月度里每日配送运输最高的数值			
3	单日配送运输最低谷值	件/天	月度里每日配送运输最低的数值			
4	准时交货率	%	月度准时交货数量/月度销售数量			
5	交货准确率	%	月度准确交货数量/月度销售数量			
6	退货率	%	月度退货数量/月度销售数量			
7	顾客满意率	%				参考客户关系管理部统计数据
8	顾客投诉次数	次/月				
(1)	送货不及时	次/月				
(2)	送错（漏）货	次/月				
(3)	服务态度	次/月				
(4)	其他	次/月				

表 3－21　　　______分公司______区域______月末端配送运输品类绩效分析

填报单位：　　　　负责人：　　　　日期：

序号	项目	计算单位	合计	商品 1	商品 2	商品 3	商品 4
一	本月实际销售						
1	数量	台					
2	金额（去税）	万元					
二	本月末端配送运输数量	台					
三	末端配送运输数量占销售数量比例	%					
四	末端配送运输成本	万元					
五	末端配送运输成本占销售额比例	%					
六	末端配送运输绩效	台/万元		/	/	/	/
七	上月同比（±）	台/万元		/	/	/	/

注：末端配送绩效＝末端配送数量/末端配送成本，其含义是计算投入产出情况，具体指：投入一万元配送成本可以配送多少商品

表 3－22　　______分公司______区域______月配送运输成本明细表

填报单位：　　　　　　　　负责人：　　　　　　　　日期：

序号	配送类型	实驶千米（千米）	实际用油（升）	油费（元）	养路/保险（元）	租金/折旧（元）	通行费（元）	修理费（元）	罚款及其他（元）	驾驶员、搬运工			计件费（元）	成本合计（元）
										工资（元）	奖金（元）	通信费（元）		
总计														
一	库间调拨												/	
1	自备车												/	
2	外租车				/		/	/	/	/	/	/	/	
二	集中配送													
1	自备车												/	
2	外租车				/								/	
3	承包车	/	/	/	/	/	/	/	/	/	/	/		
4	外叫机动车	/	/	/	/	/	/	/	/	/	/	/		

任务实施

一、实施工具

直尺、铅笔、画图工具、大白纸、送货单据等。

二、实施方法

1. 采用项目教学法：将送货调度安排作为一个小项目，学生按照资讯——计划——实施——检查评估来完成项目，在老师指导下制订方案、实施方案、最终评估；

2. 模拟实训：联系一些校外企业或在本校物流实训室，通过调度员接到通知单后，根据相关信息，调度运送资源，确定客户的最优送货时间及所需的最佳送货运输方式。

三、实施步骤

步骤一：分组，人员分工，可以担任储运调度员 1 人，业务员 1 人，仓库调度员 1 人，配送员 1 人，发货员 1 人，接货员 1 人等职务。

步骤二：储运调度员接到发货员业务单后，凭业务单开具“送货通知单”，送达储运调度中心。

步骤三：储运调度人员接到“送货通知单”后，首先根据所送货物情况及所要求送货目的地，计算出送货路径与有关运费，安排车辆，选择适宜的运输方式，安排配送人员。

步骤四：调度人员安排好相关送货车辆和相关配送人员后，与仓管调度员联系，安排好装载货物的时间和地点，并通知接货人员送货的到达时间。

步骤五：进行布局图展示及设计思想的汇报。

步骤六：综合评价该送货调度安排，包括最优的送货时间、最佳的送货方式，进而提出修改方案。编写总结评价报告。

任务二　退货作业

任务描述

哈尔滨市惠通物流有限公司由于在运输途中，部分产品损坏，沃尔玛购物广场中山分店客户要求将2箱康师傅西红柿牛腩面和10袋奥利奥巧克力味饼干退货，你作为退货管理人员，该如何组织退货，既能够提高客户满意度，又能降低公司损耗?

知识准备

步骤一　受理退货

（一）客户提出退货申请

客户填写“退货申请表”（如表3－23所示）并将该单传递给配送企业的市场营销部。

表3－23　　退货申请表

编号：

客户或代理商名称：　　负责人：

地址：　　电话：　　传真：　　联系人：

退回产品申请事由：

序号	产品型号规格	数量	合同编号 或出厂编号	产品状态	公司复核
1				□原包装　□产品完好 ________	

续 表

序号	产品型号规格	数量	合同编号或出厂编号	产品状态	公司复核
2				□原包装 □产品完好 ______	
3				□原包装 □产品完好 ______	
4				□原包装 □产品完好 ______	
5				□原包装 □产品完好 ______	
6				□原包装 □产品完好 ______	
7				□原包装 □产品完好 ______	
8				□原包装 □产品完好 ______	
客户意见： 申请单位： （盖章） 20 年 月 日				公司销售部批复意见： （盖章） 20 年 月 日	
退回产品记录：退货编号				费用	备注

（二）市场营销部接受客户的退货信息

一般来讲，退货可以分为正常退货和立即退货。

1. 正常退货

正常退货是指在经销商收货时货物完好正常验收入库，但在其负责销售期间因各种原因未能售出，根据销售协议可以退回产品的退货行为。例如，经销商未能完全销售出所进货物，供应商在一定期限内（如半年）给予某些经销商一定的退货限额，将部分未能售出的产品退回。这类退货一般不会在产生时立即退还供应商，而是积存一段时间后，再退还给供应商。因此，这类退货往往品种杂、状态多、数量大，所以这种退货通常呈现如下特点。

(1) 单位运输成本低。这种运输成本是相对于数量较少的立即退货的。因为是积存了一段时间的货物，所以，数量相对较大，相对应分摊在每一运输单位的运输成本会较小。

(2) 分拣难度大。因为正常退货数量大，品种多，批号多，状态杂，加之积存时间较长，经销商退货也可能会将不同品种、批号的货物混装。而分拣时，配送中心的人员需要将货物按照品种、批号、状态等严格分类，并录入系统。所以，正常退货会给分拣人员带来较大的操作难度。

(3) 责任划分难度大。退货清点装车是划分退货责任的关口。但是，因为前文所述正常退货的特点，司机在清点装货时很难严格区分退货是否符合退货要求。因此正常退货相对于立即退货其在清点装车时对经销商退货责任的划分难度较大。

2. 立即退货

立即退货是指在交货当时发生的因供应商责任造成的货物不符合交货要求的退货。例如，货物运输途中造成的破损，导致经销商拒收产生退货。这种退货一般有如下特点。

(1) 单位运输成本高。因为这种退货主要是因为供货商在发货过程中造成的失误引起的退货，一般情况下数量较少，因此分担在每一运输单位上的运输成本相对较高。

(2) 分拣难度小。立即退货品种、批号、数量等都在当次送货的范围之内，因此并不像正常退货那么繁杂，分拣难度也因此变得非常小。

(3) 责任划分清晰明了。立即退货本身就是由于供应商责任引起的，责任方清晰明了。至于责任所涉及的货物范围，也会在货物拒收的同时显现得一清二楚。所以，对于这种退货不存在太大的责任划分难度。

(三) 市场营销部调查客户退货原因

退货处理员应就退货事宜同客户进行及时沟通并确认退货原因。

退货的原因及退货的判断规则

1. 退货的原因

一般来说，退货的原因有以下几个方面：

(1) 瑕疵品回收。由于生产厂商在设计、制造过程中造成的有品质问题的货物，往往会在已开始销售后，才由消费者或厂商自行发现。这类瑕疵品必须立即部分或全部回收。这种情形不常发生，但却是不可避免的。

(2) 搬运中损坏。由于包装不良或搬运中剧烈震动，造成货物破损或包装污损，这时必须重新研究包装材料的材质、包装方式和搬运过程中各项上、下货动作，找出真正原因加以改善。

(3) 货物送错退回。由于配送中心本身处理不当所产生的问题，如拣货不确切或条码、出货单等处理错误，使客户收到的货物种类或数量与订单不符，必须换货或退回，这时必须立即处理，减少客户抱怨。但更重要的是，要核查资讯传达过程中所出现的问题，可能的原因有：订单接收时就产生错误或是拣货错误、出货单贴错、上错车等，找出原因后，配送中心应立即采取有效的措施，如在常出错的地方增加控制点，以提高正确率。

(4) 货物过期退回。一般的食品或药品都有有效期限，例如，日配品（面包、卤味等）、速食类以及加工肉食类，商家与供应商订有约定，有效期一过，就予以退货或换货。在消费者意识高涨的今天，过期的货品绝对要从货架上卸下，不可再卖，更不可更改到期日。但环保法令规定，过期货物必须找合格的丢弃物处理商处理，由回收到销毁，均需投入许多成本，所以要事前准确分析货物的需求，或多次少量配送，以减少过期货物的产生。而认真地分析过期货物产生的原因，提前提醒进货商或零售商，或要求客户分担部分处理费用，是根本的解决之道。

查明原因后，若退货原因为客户的责任，则市场营销部向客户说明判定的依据、原委及处理方式。如果客户接受，则请客户取消退货的要求，并将客户取消的相关资料由市场营销部储存管理；若客户无法接受，市场营销部要与客户进一步的协商解决；若协商未果，履行正常退货手续。

2. 退货的判断规则

(1) 如因配送方未对“物品”作瑕疵描述或实际收到的物品与“商品描述”不符所引起的物品退换，应由配送方承担退换所需的全部运费，且配送方再次发货不得降低货运标准；

(2) 非因前条所述原因引起的物品退换则由买家承担退换货运费；

(3) 双方达成一致的退换货协议，必须先安排退货，配送方收到退货后再确认换货或者退款；

(4) 物品更换完毕后应重新计算物品三包期限；

(5) 由于市场原因造成商品涨跌价不能作为退换货的理由，交易双方应按成交页面的价格执行。

3. 退货的处理规则

(1) 物品退换一般以双方协商一致的处理方式优先，一经达成协议不得更改；

(2) 客户在退换物品时应保持商品原状，不影响供应商的二次销售，包括结构的完整，功能的完整，价值的完整，附件（配件）的完整。否则，客户应承担相应责任；

(3) 退换物品的过程中，由于承运方的原因造成商品损坏影响使用或者遗失，由发货方联系承运方，并先行承担相应损失。

注意：退货作业处理，尽量降低公司的损失，同时不损及顾客的关系与利益。

步骤二　办理退货手续

(1) 市场营销部办理退货手续，向提出退货申请客户开出“退货通知单”（如表3-24所示），并协助客户将货物退回。

市场营销部通过同客户进行及时有效沟通，调查分析确认客户退货理由正当合理，市场营销部接受客户退货申请，一般在接到退货申请的2个工作日向客户开出“退货通知单”，退货通知单是客户退货、财务结算、运输交接、仓库接收退货的依据。

表 3－24　　门店退货预约通知单

退货单位：　　供应商名称：　　退货类型：
部类：　　退货原因：　　仓库：
预约日期：　　办理退货日期：　　供应商：

商品编码	名称	条码	规格	退货单位		退货数量	单价	退货金额	配送中心审批意见
				销售单位	订货单位				
合计									

注：表中“销售单位”用于零散退货供应商时填写，“订货单位”用于原装箱退货时填写。

预约联系人：　　电话：　　传真：
配送中心审批人签名：　　审批生效日期：

(2) 市场营销部初步核对退货数量与“退货通知单”。

(3) 客户退货的不良品退回仓库。

1) 仓库在收到客户的退货时，应根据“退货通知单”尽快清点完毕，如有异议必须以书面的形式提出。

2) 仓库应将退入仓库的货物，根据其退货原因，分别标示、隔离存放，通知质量管理部确认退货品的品质状况。对属供应商所造成的不合格品，应与采购部门联系，催促供应商及时提回。对于属仓储造成的不合格品且不能修复的，每月应申报一次，进行及时处理。

3) 登记入账。对于已发放的货品和退回的货品，要及时入账，并按时向其他部门报送有关资料。

(4) 若客户需要补货，则市场营销部迅速拟订补货计划，提供相同的货物给客户。(补货作业内容见项目二下任务二)

知识链接

退货处理员岗位操作注意事项

1. 运输的联络

管理部门接到市场营销部送到的“成品退货单”应先审查有无注明依据及处理说明，

若没有，应将“成品退货单”退回市场营销部补上退货依据及处理说明；若有，则依“成品退货单”上的客户名称及承运地址联络承运商运回。准备运回退货物时，相关人员应对顾客退回的货物进行回收装车清点。正如前文所述，正常退货的责任划分意义重大，一旦将不该装车取回的货物装车，其责任就将转给供应商；而且，装车清点也是对货物信息的初次统计，可在这一阶段对货物实际的品种、数量等信息与退货申请核对，为后一阶段的分拣工作形成一个可以参照的基本货物信息标准。所以，装车清点时最好安排熟悉产品的人员持有退货申请进行清点。

2. 退货品的分拣与验收

退货品运回后，仓储部应组织相关人员确认退回的成品异常原因是否正确，所以应组织退货品的分拣与验收。

分拣是要将货物信息更细化，对货物进行细化的筛选。分拣既可以对装车清点的信息进行检验，也可以为下一环节的检验工作提供指引。货物分拣一般根据品种、批号、状态等指标对货物分类，此部分应该做好以下几个环节。

(1) 质检部门应该让分拣人员熟悉基本的产品质量标准，如产品保质期、货物状态分类标准等，以便在分拣时就对货物进行初步的质量分类。

(2) 分拣人员在货物分拣完毕后，应列明产品的明细并核对退货申请中列明的产品总数，核对装车清点时的产品信息。

(3) 按照分拣人员提供的产品明细在物流系统中录入产品信息，包括品种、批号、数量、状态等，并使产品进入系统控制状态，防止货物再次发出。

(4) 实物进行专门区域存放，并按照产品状态作明显标记，防止误发。

质检部门应根据分拣人员提供的产品明细，对货物质量进行检验，并根据检验结果对货物是否可以再利用做出判断。

退货品运回后，仓储部在会同有关人员确认退回的成品异常原因是否正确后，若确属事实，应将实退回数量填注于“成品退货单”上，并经接收人员、质量管理人员签章后，第一联存于会计，第二联送收货部门留存，第三联由承运人携回依此申请费用，第四联送业务部向客户取回原发票或销货证明书。管理科收到尚无“成品退货单”的退货品时，应立即联络市场营销部主管确认无误后先暂予保管，等收到“成品退货单”后再依上述规定办理。

3. 退货品的处理。退货品需重新处理的，管理科应督促处理部门领回处理。

4. 退货的更正。若退回成品与“退货通知单”记载的退货品不符时，仓储部门应暂予保管（不入库），同时于“成品退货单”（如表 3－25 所示）填注实收情况后，第三联由运输公司携回依此申请运费，第二联送回市场营销部处理，第一联暂存仓储部以此督促。市场营销部查验退货品确属无误时，应依实退情况更正“退货单”送仓储部门办理销案。若退货品属误退时，应于原“退货通知单”第四联注明“退货品不符”后，送回仓储部门据以办理退回客户，将其交运作业按有关规定办理，并在“交运物品清单”（如表 3－26 所示）注明“退换货不入账”，本项退回的运费应由客户负担。

表 3-25　　成品退货单

No.：______

日期：______

客户名称					地　址		
退货明细							
品　名	型　号	单　位	单　价	退回数量	实收数量	金　额	备　注
合　计							
收货部门				退货部门			
主　管		经　办		主　管		经　办	

表 3-26　　交运物品清单

运单号码：　　　　起运地点：

货品	货名	包装形式	单位	数量	新旧程度	重量	体积（长×宽×高）	保险价格
备注								

托运人（签章） 日期：____年____月____日	承运人（签章） 日期：____年____月____日

步骤三　检验退货

(1) 市场营销部确认退货的品质状况后，对不良品进行返仓及返厂处理。生产部门或仓储部门对不良品进行拣选、降级或报废方式的处理。

(2) 生产部门确实进行返工或拣选以确保不良品不再流入客户生产线上，并在返工、拣选后向仓储部门申请库存重新验收。

(3) 仓储部需依据检验制度，远隔检验重验货物。如果为合格品可经合格标示后重新安排到仓库内存储，凡未经仓储部确认的货物一律不可出货。

1. 退回货物的返仓作业

返仓是指配送中心配送的货物与门店的要求不符，或因其他原因而由门店制作返仓单交配送中心仓库，并由送货人员将货物运回配送中心的过程。此过程中配送中心处于主导地位，配送中心工作人员审核无误后，在电脑系统中执行单据，此返仓单才生效，系统内库存数量同时发生变化。

2. 退回货物的返厂作业

返厂是配送中心因货物的质量、包装、保质期、破损等原因与采购部协商后对已经入库的货物进行退货的处理过程。

步骤四　办理退货

(1) 财务部办理退货款。

(2) 仓储部将检验的货物入库。

(3) 市场营销部应继续退货后的处理成效，并将调查结果记录存档，反馈到生产部门和相关部门以备查核参考，以免类似情况的再次发生。相关存档表格如表 3－27～表 3－30 所示。

表 3－27　　退货登记表

厂商：　　　　　　　　　　填写日期：

货物编号	名称	数量	备注	签章
退货理由				

表 3－28 **退货统计表**

货物编号	名称	退货数量	退货日期	办理人员	备注

主管： 填表：

表 3－29 **退货缴库单**

退货单位： 缴库单编号： 退货日期：___年___月___日

货物名称	规格	单位	数量	退货详细原因

表 3－30 **退货报告单**

客户名称： 日期：___年___月___日

订单号	货物代码	货物名称	货物数量	货物价格	是否付款	退货原因	处理方法

步骤五　退货相关配合处理工作

退货不论是什么原因造成的，除了立即回收外，配送部门还须做好以下相关配合处理：

（1）立即补送新货以减少客户抱怨。

（2）会计账目上也应立即修正，以免收款或付款错误，造成进一步的混乱。

（3）若有保险公司理赔，应立即依照保险理赔程序办理，包括保留现场证据或拍照存证，在规定时间内通知保险公司，准备索赔文件和计算损失，并通知本企业法律顾问一起处理。

（4）深层分析整理退货原因，作为日后改进的参考。

知识链接

退货处理的方法和注意事项

1. 退货处理的方法

(1) 无条件重新发货。对于因为发货人按订单发货发生错误，则应由发货人重新调整发货方案，将错发货物调回，重新按原正确订单发货，中间发生的所有费用应由发货人承担。

(2) 运输单位赔偿。对于因为运输途中产品受到损坏而发生退货的，根据退货情况，由发货人确定所需的修理费用或赔偿金额，然后由运输单位负责赔偿。

(3) 收取费用，重新发货。对于因为客户订货有误而发生退货的，退货所有费用由客户承担，退货后，再根据客户新的订货单重新发货。

(4) 重新发货或发替代品。对于因为产品有缺陷，客户要求退货，配送中心接到退货指示后，营业人员应安排车辆收回退货，将货物集中到仓库退货处理区进行处理。一旦产品回收运作结束，生产厂家及其销售部门就应立即采取步骤，用没有缺陷的同一种产品或替代品重新填补零售商店的货架。

2. 退货处理的注意事项

(1) 配送中心应制定退货规定。作为客户服务的一部分，配送中心应建立一定的程序对进退货的处理、检查和准许等事项做出规定，使有关各方面能维持良好的关系。

(2) 高层管理部门及其他有关人员都应参加回收产品的一切活动。退货处理对生产厂家和流通网络中的各方来说都是一件极其严重的事情。配送中心高层管理部门应参加回收产品的一切活动，其他有关人员包括企业的法律人员、会计人员、公关人员、品质管理人员、制造工程人员以及销售人员也都应参加。

(3) 配送中心企业应选派专人负责处理产品回收事件。这样能更好地应对紧急情况，并且高效、快速处理事件。

(4) 配送中心应制定一些预防措施。在产品回收事件处理不成功，结果诉诸法律时，企业可以将已采取的预防措施作为申述的一部分内容。

任务实施

一、实施工具

笔、模拟货物、检验需要设备、退货通知单等单据。

二、实施方法

1. 采用项目教学法：将退货作业作为一个项目，学生按照资讯——计划——实施——检查评估来完成项目，在老师指导下制订方案、实施方案、最终评估；

2. 模拟实训：学生可以在物流企业或校内物流实训室完成，根据商品退货原则，既能够提高客户满意度，又能降低公司损耗。

三、实施步骤

步骤一：人员分工，以小组为单位，每组 5 人同时进行训练。每组包括退换货员 1 人，客户服务人员 1 人，质量检验员 1 人，库管 1 人，装卸员 1 人等职务

步骤二：受理退货

步骤三：办理退货手续

步骤四：检验退货

步骤五：办理退货

步骤六：退货相关配合处理工作

归纳总结

本项目主要介绍了送货作业的基本工作内容，送货作业是物流配送中的重要业务环节。“配”与“送”有机结合，使送货能达到一定的规模，以利用一定的规模优势来获得较低的送货成本，使物流配送企业获得利润。送货工作应当包括两项具体业务活动：送货作业和退货作业。包括送货作业的实施步骤、车辆调度管理的图上作业法、退货作业业务流程实施步骤以及送货作业中突发问题处理等基本内容。

通过本项目的学习，学生可以掌握送货作业的具体内容，使学生学会商品送货的作业能力，能够掌握车辆调度管理的方法，会优化配送路线；掌握送货设备的使用方法和操作注意事项，有正确选择送货作业的设施设备的能力，掌握退货处理的方法，会对商品进行退换货物；学生还能够根据送货的相关知识正确进行送货单证的填写登记，办理相关交接手续；学生有正确处理送货作业时突发问题的处理能力；使学生达到配送主管的基本技能要求，从而实现满足用户利益的同时争取企业的利益。

思考与训练

一、送货作业的操作流程有哪些？

二、什么是配送运输，配送运输有哪些方式？

三、退货处理的方法和注意事项？

四、退货作业的具体流程是哪些？

五、商家免费送货，途中受伤责任谁负？

2008 年 6 月 23 日，张某为给女儿置办嫁妆，在县城李某开办的家电门市部购买了洗衣机、冰柜、空调三件商品后，李某按事先的约定，免费用汽车将这些家电运送到张某家中。上午 12 点左右，李某送完货返回县城途中，由于汽车刹车失灵发生交通事故，造成左腿胫腓骨粉碎性骨折，其伤情经司法鉴定构成 10 级伤残。李某出院后，在多次要求张某赔偿部分损失无果的情况下，以其与张某之间形成的是帮工关系为由诉至法院，要求张

某赔偿其医疗费、误工费、护理费、住院伙食补助费、营养费和精神抚慰金共计1.7万余元。而张某认为，免费送货是其与李某形成的家电买卖合同的一项内容，李某在履行合同义务时发生交通事故与自己无关。

六、设有A_1、A_2、A_3三个配送点分别有化肥40t、30t、30t，需送往四个客户点B_1、B_2、B_3、B_4，各客户点的需求量分别为10t、20t、30t、40t，并且已知各配送点和客户点的地理位置及它们之间的道路通阻情况，据此绘制出相应的交通图，如图3－17所示，找出最优的调运方案。

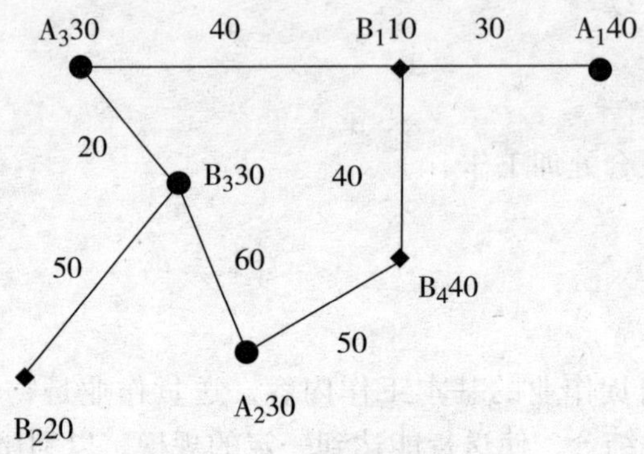

图3－17　运距运量交通图

项目四　配送总体计划

知识目标

1. 了解制订配送总体计划的目的
2. 了解配送总体计划的分类
3. 理解配送路线优化的目的
4. 理解节约里程法的原理
5. 掌握配送总体计划制订的内容
6. 掌握配送计划制订实施步骤

能力目标

1. 能从总体上把握配送业务运作流程
2. 能用节约里程法确定配送路线
3. 能编制配送总体计划，熟悉其制订和实施过程
4. 会调整配送总体计划，使其达到最优

任务导入

哈尔滨惠通物流有限公司是一家综合型的物流企业，可以提供仓储、配送方面的服务。总部位于哈尔滨市道外区先锋路1号，由于经营需要，公司在哈尔滨市南岗区哈双路348号自建了一个城市配送中心，经营品种主要是日用品和食品，24小时运转，每天为分布在不同区域的多家连锁店配送商品，并规定了每种商品的安全储备，假定该公司向供应商订货的周期为食品类5天，公司车辆都可调配，物流样品资料和客户地址如表4－1、表4－2所示。

表4－1　　哈尔滨市各客户店面名称及具体位置

序号	店铺名称	店铺地址
1	沃尔玛购物广场中山分店	哈尔滨市南岗区中山路254号
2	世纪联华胜达店	哈尔滨市道里区地段街93号
3	世纪联华顾乡店	哈尔滨市道里顾乡大街98号

表 4-2　主要物流货品样表

品类	货品名称	客户简称	SKU 包装单位	包装单位和包装明细	安全库存（箱）	现有库存情况（箱）
袋装食品类	康师傅红烧牛肉面	联华	袋	20 袋/箱	50	150
	康师傅西红柿牛腩面	联华	袋	20 袋/箱	50	80
	奥利奥巧克力味饼干	联华	袋	12 袋/箱	30	60
	可比克薯片	联华	袋	12 袋/箱	20	50
	完达山鲜奶	联华	盒	12 盒/箱	100	150

表 4-3　各客户需求具体信息

客户店面名称	接单时间	需求时间	配送货品名称及数量
世纪联华胜达店	11 月 4 日	11 月 8 日 上午 9：30 分之前	10 箱康师傅西红柿牛腩面 10 箱奥利奥巧克力味饼干
沃尔玛购物广场中山分店	11 月 4 日	11 月 8 日 上午 9：30 分之前	10 箱奥利奥巧克力味饼干 10 箱完达山鲜奶 20 箱可比克薯片
世纪联华顾乡店	11 月 4 日	11 月 8 日 上午 12 点之前	10 箱康师傅西红柿牛腩面 10 箱奥利奥巧克力味饼干

请根据表 4-3 所示的客户需求资料，为该公司制订一份配送总体作业计划，要求既要满足客户的时间要求，又要使配送成本最低。

任务描述

请为哈尔滨惠通物流有限公司制订一份配送作业计划，如果你作为配送计划管理人员，要求既要满足客户的时间要求，又要使配送成本最低，该如何制订？

知识准备

配送一般都是在小范围内（比如一个城市）为分散在不同地方的多家客户少量、多频率地运送客户所需的商品。随着经济的发展和人们消费观念的变化，客户的需求体现出多样性、多变性和复杂性的特点，而企业自身的能力和资源又有一定的限制，生产和销售的连续性和计划性，都决定了配送要有很强的计划性。从配送业务本身来看，它也是一项需要多方面密切协调配合的工作，组织资源、配货、储运、送货等一系列活动，都要有严密的计划。因此，配送部门要在掌握客户需求的基础上，制定发展配送的总目标和分阶段目标，以及实施步骤和措施，做到有计划分期地订货和采购，确定合理的库存储备。

配送作业计划一般由配送经理组织拟订，配送计划员负责制订，供具体负责进行配送作业的员工执行。现在通常采用计算机作为编制配送计划的主要手段。商流是制订配送计划的依据，也就是说，由商流决定何时何地向何处送货，然后由配送中心安排恰当的运力、路线、运量，以便使商品安全、及时地送达客户。制订配送计划的主要依据是：订货合同、仓储配送合同、电话预约合同、商品的性能、配送工具、运输条件和配送节点（仓库、客户）等。配送计划的制订与实施包括以下九个步骤，如图 4－1 所示。

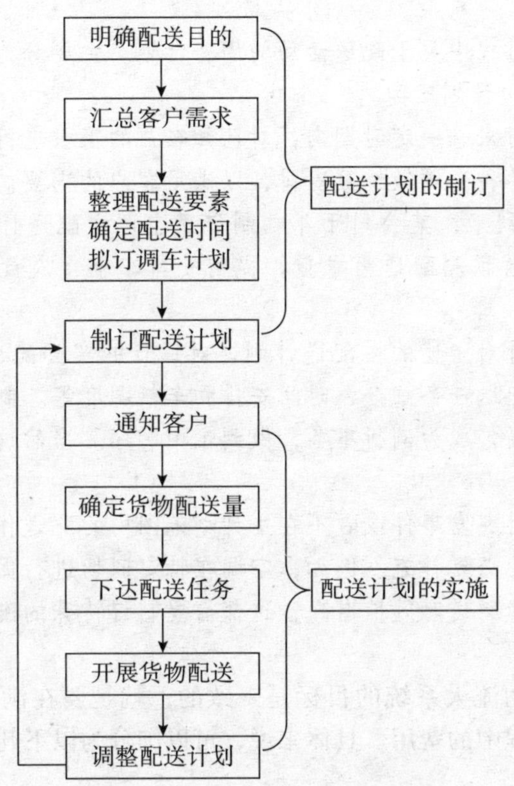

图 4－1　配送计划制订与实施流程

步骤一　明确配送目的

配送业务的经营运作是以满足客户需求为导向，并且需要与企业自行拥有的资源、运作能力相匹配。一个高效的配送计划，可以满足客户的需求，提高配送服务水平。更重要的是，可以对客户的各项业务起到有效的支撑作用，帮助客户创造利润，最终使客户和物流企业同时受益，达到“双赢”。对于配送中心，制订配送作业计划可以实现配送管理的合理化；消除配送中的作业浪费、时间浪费；减少商品损失，提高设备、设施、运输工具的使用效率，从而降低配送成本，使配送工作能够按最高效率的路线和行车时间表进行（如进行夜间配送）。用于配送的运输工具一般都是小型卡车，也有使用小型船舶、非机动车等配送工具的情况。通过周密安排和优化配送路线，控制运输时间，合理安排车辆、人员，预测交通事故、交通堵塞、临时送货等突发事件，并提出应变措施，就可以实现配送管理的合理化，降低配送成本。

企业在制订配送计划时必须考虑制订配送计划的目的。例如，配送业务是为了满足短期实效性要求，还是长期稳定性要求；配送业务是服务于临时性特定客户还是服务于长期固定客户。不同的配送目的，需要有不同的配送计划作为支撑。

配送计划的分类

配送计划是在配送过程中关于配送活动的周密计划。主要分为主配送计划、每日配送计划、应急（特殊）配送计划三类。

主配送计划，是针对未来一定时期内，对已知客户的需求进行前期的配送规划，便于对车辆、人员、支出等各种资源做统筹安排，以满足客户的需要。例如，为迎接家电行业3~7月空调销售旺季的到来，某公司于年初制订了空调主配送计划，根据各个零售店往年销售情况加上相应系数预测配送需求量，提前安排车辆、人员等，全面保证销售任务完成。

每日配送计划，是针对上述的主配送计划，对每日的实际配送作业进行调度的计划。包括订单增减、取消、配送任务细分、时间安排和车辆调度等。制订每日配送计划的目的是：使配送作业有章可循，成为例行事务，做到忙中有序。当然这和责任到人也是有很大关系的。

特殊配送计划，是对突发事件或者不在主计划范围内的配送作业进行规划，它是主配送计划和每日配送计划的必要补充。例如，空调在特定商场进行促销活动，可能会导致配送需求量突然增加，或者配送时效性增高，这都需要制订特殊的配送计划，增强配送业务的柔性，提高服务水平。

配送的目标和整个物流大系统的目标是一致的，就是要在满足一定服务水平的前提下，尽可能降低配送过程中的费用。具体来说，可以细分为以下几个目标：

（一）及时

配送是在生产节奏加快、社会分工扩大、竞争日趋激烈的环境下产生的。作为一种新型的物流手段，配送的最大作用就在于能够为客户提供快速的“门到门”服务，缩短流通时间。及时是配送的生命。在配送方式下，客户会更依赖于配送中心的服务，尤其是实施零库存（JIT）战略的企业，完全依靠配送服务将生产所需的零部件直接送到生产线而不再保持自己的库存。如果配送不能达到及时性要求，企业就会转而寻求库存的保障，配送也就失去了存在的意义。这就要求配送物流员能够对客户要求反应敏锐，快速响应；要求配送各个环节作业及时，紧密衔接；要求各种登记及时统计。

（二）准确

快速、及时是配送的效率目标，但是配送的准确性，即效果目标，也是非常重要的。配送不但要以最快的速度及时供货，还要保证完成配送任务的质量要求，做到将货物保质保量地送到客户手中，包括配送货物的质量和配送工作的质量等内容。具体内容如下：

（1）提供符合客户提出的品名、规格、型号等品质要求的商品，做到质量准确。

(2) 提供约定数量的商品，做到数量准确。

(3) 商品送到客户要求的场所，做到地点准确。

(4) 业务手续做到：账、卡、证、物准确；单据、报表数字准确；反映情况准确。

(5) 财务结算做到：单据、金额准确；核收杂费准确；结算银行、户头、账号准确。

(三) 安全

安全是配送的保证。保证配送货物不受损失，保证人员不发生伤亡事故，是配送管理工作中极其重要的内容，也是配送各个环节不可忽视的问题。其具体要求如下：

(1) 在物资配送作业中，对货物进行有效的包装，做好防潮、防冻、防火、防锈、防盗、防撞击等工作，达到无失火爆炸、无霉烂变质、无虫鼠雀害、无过期失效、无被盗丢失和无碰撞损坏，不能在配送中发生货物的短缺、破损等问题，保证货物送到客户手中就能够使用。

(2) 配送人员要增强责任心，严格遵守操作规程和安全管理规章制度，避免人为因素对配送服务质量的影响。

(3) 在送货过程中避免交通事故。

(四) 节约

配送服务的利润来源主要依靠节约。即从节约人力、物力、财力三方面把节约工作做好，不断提高配送的经济效益。采用配送方式能够有效地改善支线运输和小批量货物的搬运流程，适应支线运输灵活、易变的特点，使输送过程得以优化和完善。特别是在采取JIT配送方式时，生产企业可以完全依靠配送中心的准时配送或只保持少量保险储备，从而实现生产企业的“零库存”，减少库存资金的占用。采用配送方式，客户也可简化订货手续，减轻工作量，节省开支。概括起来，节约方面的要求主要包括以下几点：

(1) 库存物资保持数量准确、质量完好，经常清点物资储存情况，避免积压，合理堆放存储物品，提高仓容的利用率，降低储存保管费用。

(2) 合理组织装卸搬运，防止和消除无效作业，提高效率，降低成本。

(3) 合理组织车辆调度、装车和货物配载。

(4) 合理选择配送路线和配送方式，提高配送效率。

(5) 提供优质服务，有良好的形象。

配送系统的目标之间存在二律背反现象。提高服务水平，即为客户提供更快速、更及时的服务，必然带来费用的上升。配送系统管理就是要在服务水平和费用之间进行权衡，实现最佳的配送系统效益。配送系统的目标可以用配送系统的投入与产出的比值来表示。配送系统中的投入就是我们所说的配送成本，而配送系统的产出就是配送服务，以最低的配送成本达到所要求的配送服务水平，这样的配送系统就是一个有效的系统。

理想的配送服务水平要求达到7R，即适当的质量（Right quality）；适当的数量（Right quantity）；适当的时间（Right time）；适当的地点（Right place）；好的印象（Right impression）；适当的价格（Right price）；适当的商品（Right commodity）。

步骤二　汇总客户需求

不了解客户的需求，就无法满足客户，因此收集整理服务对象的相关数据资料并做相应的分析是制订配送计划的关键，是提高配送服务质量的关键。汇总各客户配送需求情况，包括原材料、零部件、半成品、产成品等货物的品种、数量、规格、包装条件等，还要了解和掌握各客户企业当年销售计划、生产计划、流通渠道的规模及变化、设备维修和基本建设等情况，以及所需原材料、燃料、辅助材料和各种配件的品种、规格、型号、数量、接受价格和供应周期等情况。就长期固定客户而言，该货物近年来的需求量以及淡季和旺季的需求变化等相关统计数据是制订配送计划时必不可少的第一手数据资料。

步骤三　整理配送要素，确定配送时间，拟订调车计划

合理地整理和分配各配送要素，完整的配送要素一般包括时间、地点、货物、客户、车辆、人员、路线七项内容，也称为配送的功能要素。以上要素会影响配送的成本和服务水平，因此在制订配送计划时应对此内容做深入了解并加以分析整理。

（1）时间：这里的时间不仅仅指在途时间，还包括装卸搬运时间、等待时间。由于不一定所有的业务都在自有配送中心进行，所以，需要了解配送起点装货和终点收货的时间限制以及要求，提前做好安排，避免不必要的装卸等候，避免由于超过客户要求的时间范畴而造成货物被拒收。配送时间持续的后果是占用了配送中心，耗用了配送中心的固定成本。然而，这种成本往往表现为机会成本，具体表现为配送中心不能提供其他配送服务获得收入；或者表现为配送中心在其他配送服务上成本增加。

（2）地点：指配送的起点和终点。主要了解这些地点的数量、距离、周边环境、停车卸货空间大小以及相关附属设施，例如有无卸货站台、叉车等。

（3）货物：指配送标的物的种类、形状、重量、包装、材质、装运要求等。

（4）客户：指委托人、收货人。

（5）车辆：指配送工具，需要根据货物的特征、体积、重量、数量、对装卸的特别要求、配送地点以及车辆容积、载重量等决定选用什么类型、多大吨位的车辆配送。当本公司车辆无法满足需求时，可使用外雇车辆。在保证送货运输质量的前提下，是组建自营车队，还是以外雇车为主，则须视经营成本而定。

（6）人员：指司机或者配送业务员。由于需要面对不同的客户及配送环境，因此，对人员配置也有一定的要求。例如，某些产品需要在送达目的地之后进行安装并调试，这就需要司机或者配送人员具有一定的技能。

（7）路线：指配送路线。可以根据一定的原则指定配送路线，例如，配送线路最短原则、送货量最大原则、订单时间顺序原则、成本最低原则、效益最高原则等。配送路线合理与否直接关系和影响到配送的速度、成本和效益。因此，采用科学的方法确定合理的配送路线是配送中一项非常重要的工作。确定配送路线可以采取各种数学方法和在数学方法的基础上发展和演变出来的经验方法进行，主要有方案评价法、数学计算法和节约里程法等。大部分企业使用的是车辆调度程序规划法，又称“VSP”（Vehicle Scheduling Program），也就是我们通常所说的“节约里程法”。

节约里程法的基本原理是几何学中三角形的两边之和必定大于另外一边之长。VSP 规划法的主要思路如图 4－2 所示，P 为配送中心所在地，A，B 为客户所在地，相互之间的道路距离为 m，n，k。

最简单的配送方法是利用两辆车分别向两客户往返配送，如图 4－2（b）所示，车辆运行的距离 L_1 为 $2m+2n$；然而假设一辆汽车能够负荷 A 和 B 的货物总量，则可按图 4－2（c）所示改用一辆车巡回配送，运行的距离 L_2 为 $m+n+k$，如果道路没有什么特殊情况，可以节省车辆运行距离为 $(2m+2n)-(m+n+k)=m+n-k>0$。实际上，在配送活动中如果给数十家、数百家客户配送，在车辆运力允许的情况下，应首先计算包括配送中心在内的相互之间的最短距离，然后计算各客户之间的可节约运行距离，按照节约运行距离的大小顺序连接各配送地，并规划出配送路线，会大大提高配送效率。

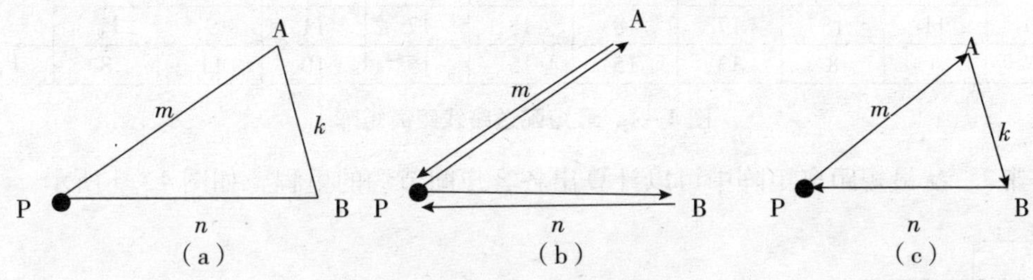

图 4－2　配送中心路线选择

例：某配送中心通过配送订货信息系统接到了客户的订单，配送要求和配送网络如图 4－3 所示，P_0 为配送中心所在地，P_j（j＝1，2，…，10）为客户所在地，括号内数字为配送量，单位为吨（t），线路上的数字为道路距离，单位为千米（km）。现有可利用的车辆的最大装载量为 2t 和 4t 的两种厢式货车，并限制车辆一次运行距离为 30km 以内。要求：规划最佳配送路线。

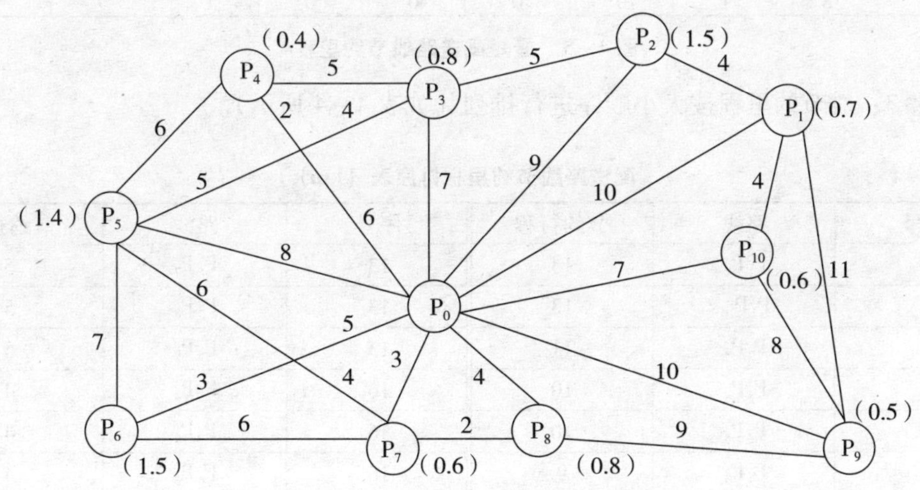

图 4－3　配送要求和配送网络

例题解析：

步骤 1：计算相互之间的最短距离，根据图中配送中心到各客户之间，客户和客户间的距离，得出配送路线最短的距离矩阵，如图 4－4 所示。

P_0										
10	P_1									
9	4	P_2								
7	9	5	P_3							
8	14	10	5	P_4						
8	18	14	9	6	P_5					
8	18	17	15	13	7	P_6				
3	13	12	10	11	10	6	P_7			
4	14	13	11	12	12	8	2	P_8		
10	11	15	17	18	18	17	11	9	P_9	
7	4	8	13	15	15	15	10	11	8	P_{10}

图 4－4　最短配送路线距离矩阵

步骤 2：从最短距离矩阵中可以计算出各客户间节约的里程，如图 4－5 所示。

P_1									
15	P_2								
8	11	P_3							
4	7	10	P_4						
0	3	6	10	P_5					
0	0	0	3	9	P_6				
0	0	0	0	1	5	P_7			
0	0	0	0	0	4	5	P_8		
9	4	0	0	0	1	2	5	P_9	
13	8	1	0	0	0	0	0	9	P_{10}

图 4－5　最短配送路线节约里程

步骤 3：对节约里程按大小顺序进行排列（如表 4－4 所示）。

表 4－4　　配送路线节约里程排序表（km）

序号	路线	节约行程	序号	路线	节约行程
1	P_1P_2	15	13	P_6P_7	5
2	P_1P_{10}	13	13	P_7P_8	5
3	P_2P_3	11	13	P_8P_9	5
4	P_3P_4	10	16	P_1P_4	4
4	P_4P_5	10	16	P_2P_9	4
6	P_1P_9	9	16	P_6P_8	4
6	P_5P_6	9	19	P_2P_5	3
6	P_9P_{10}	9	19	P_4P_6	3
9	P_1P_3	8	21	P_7P_9	2
9	P_2P_{10}	8	22	P_3P_{10}	1
11	P_2P_4	7	22	P_5P_7	1
12	P_3P_5	6	22	P_6P_9	1

步骤4：按照节约里程排序表4-4，组成配送路线图。

（1）初始方案：如图4-6所示，从配送中心P_0向各个客户配送。配送路线10条，总运行距离为148km，需要2t汽车10辆。

（2）修正方案1：按照节约行程的大小顺序连接P_1P_2，P_1P_{10}，P_2P_3，如图4-7中配送路线A所示，配送路线7条，总运行距离109km，需要2t汽车6辆，4t汽车1辆。

（3）修正方案2：按照剩余的节约行程大小顺序，应该连接P_3P_4和P_4P_5；P_3P_4和P_4P_5都有可能连接到修正方案1的配送路线中，但是，由于受车辆装载量和每次运行距离这两个条件的限制，配送路线A不能再增加客户，为此不再连接P_3P_4，而是连接P_4P_5，组成配送路线B，该路线装载量为1.8t，运行距离为22km，如图4-8所示，此时，配送路线共6条，总运行距离99km，需要2t汽车5辆，4t汽车1辆。

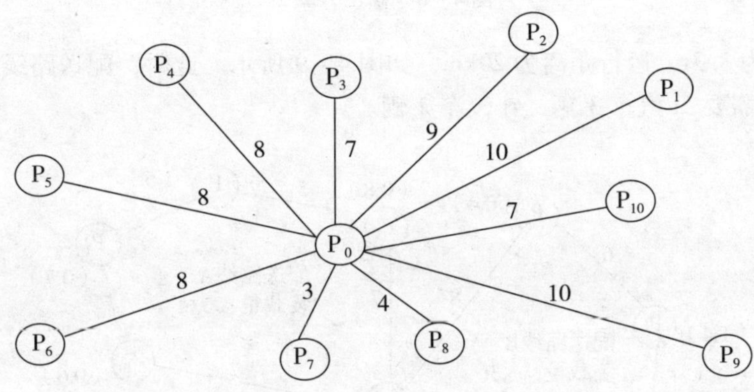

图4-6　初始方案

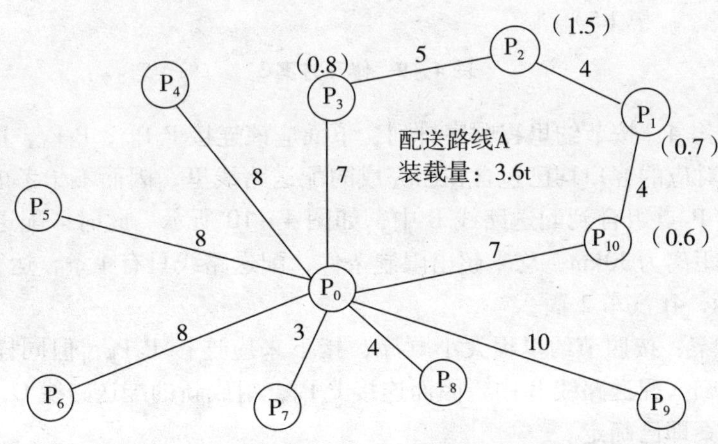

图4-7　修正方案1

（4）修正方案3：接下来的顺序是P_1P_9，P_5P_6，由于已将客户P_1组合到配送路线A中，而且该路线不能扩充客户，所以不再连接P_1P_9；连接P_5P_6到配送路线B中，配送路

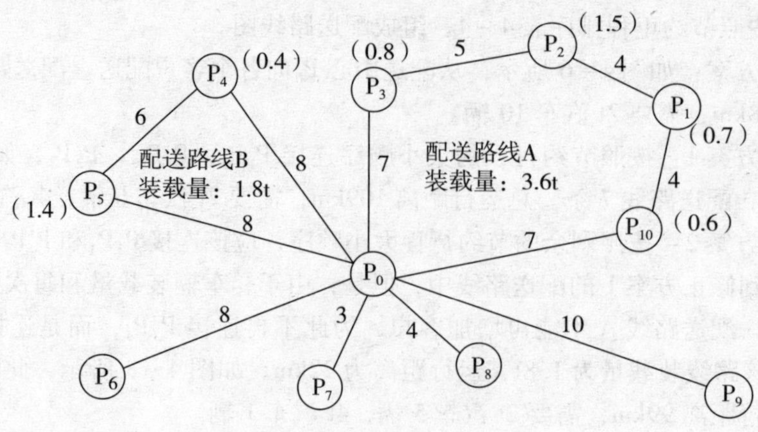

图 4－8　修正方案 2

线 B 的装载量为 3.3t，运行距离为 29km，如图 4－9 所示。此时，配送路线共有 5 条，运行距离 90km，需要 2t 汽车 3 辆，4t 汽车 2 辆。

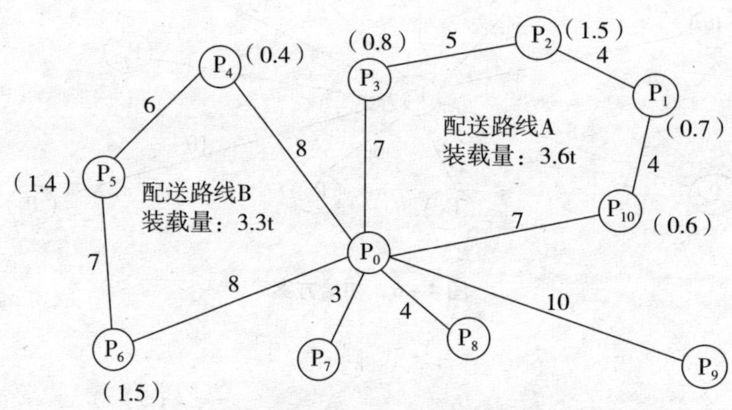

图 4－9　修正方案 3

（5）修正方案 4：按节约里程顺序排列，下面应该连接 P_9P_{10}，P_1P_3，P_2P_{10}，P_2P_4，P_3P_5，但由于其相对应的客户均已包含在已完成的配送路线里，因而不予考虑。接下来，可以把 P_6P_7 对应的 P_7 点组合到配送路线 B 中，如图 4－10 所示。此时，配送路线 B 的装载量为 3.9t，运行距离为 30km，均未超出限制条件，配送路线只有 4 条，运行距离为 85km，需要 2t 汽车 2 辆，4t 汽车 2 辆。

（6）最终方案：按照节约里程大小顺序，接下来应连接 P_7P_8，但同样是受到装载量的限制，不能再归入配送路线 B 中，因而连接 P_8P_9，组成新的配送路线 C，如图 4－11 所示，这样配送方案即已确定。

从图 4－11 中可以看出，最终配送路线共存在 3 条，总运行距离为 80km，需要 2t 汽车 1 辆，4t 汽车 2 辆。其中，配送路线 A，运行距离为 27km，装载量为 3.6t，需要 4t 汽车 1 辆；配送路线 B，运行距离为 30km，装载量为 3.9t，需要 4t 汽车 1 辆；配送路线 C，运行距离为 23km，装载量为 1.3t，需要 2t 汽车 1 辆。

步骤 5：完成全部配送路线的规划设计。

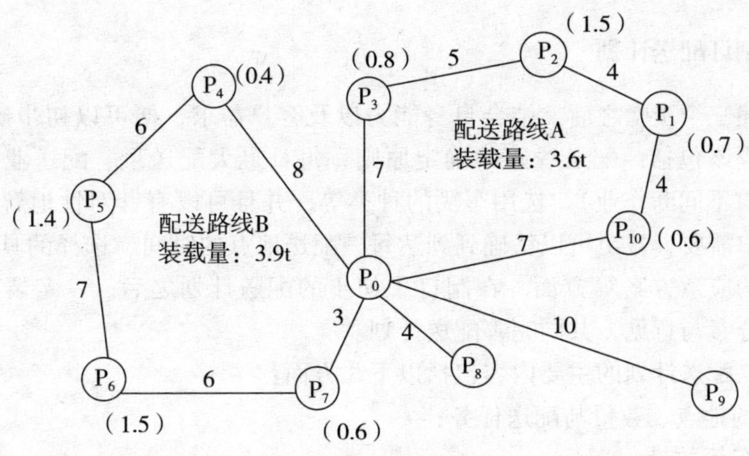

图 4－10　修正方案 4

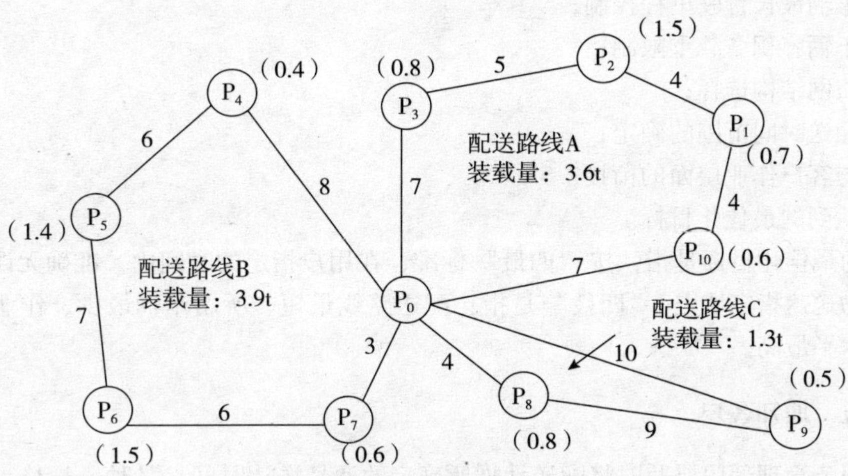

图 4－11　最终方案

无论采用哪种方法，都应该达到既合理利用资源，满足客户要求，又实现总费用最省、车辆充分利用、效益最好的目的，然后再考虑实现此目标所存在的各种限制因素，在有约束条件的情况下去寻求最佳的解决方案。配送路线要满足以下约束条件：

（1）满足所有客户对货物品种、规格、数量和质量的要求。

（2）各配送路线的货物量不得超过车辆的限载量和容积等指标要求。

（3）必须按配送计划所制订的时刻表进行配送，不得超过规定时间。

（4）在配送中心现有运力允许的范围之中。

路线确定后，要求司机或者配送人员执行，但是，由于配送地点复杂、交通拥堵、交通管制等原因，也可根据司机经验适当调整。除此之外，还必须考虑有些客户或其所在地点对送货时间、车型等方面的特殊要求，如有些客户不在中午或晚上收货，有些道路在某高峰期实行特别的交通管制等。

步骤四 制订配送计划

在完成上述三个步骤之后，结合自身能力以及客户需求，便可以初步确定配送计划。初步配送计划应该包括：配送线路的确定原则、每日最大配送量、配送业务的起止时间（也可以24小时不间断作业）、选用车辆的种类等，并且可以有针对性地解决客户的现存问题，如果客户需要，甚至可以精确到到达每一配送地点的时间、选择的具体路线、货运量发生突变时的应急方案等方面。在制订了初步的配送计划之后，一定要与客户进行沟通，请客户充分参与意见，共同完善配送计划。

具体来看，配送计划的主要内容包括以下几方面：

（1）配送的地点、数量与配送任务；

（2）配送车辆数量；

（3）车队构成以及车辆组合；

（4）车辆最长行驶里程控制；

（5）车辆容积、载重限制；

（6）路网结构选择；

（7）配送时间范围的确定；

（8）与客户作业层面的衔接；

（9）达到的最佳化目标。

配送的最佳化目标是指：按“四最”标准，在用户指定的时间内，准确无误地按客户需求将货物送达指定地点。“四最”是指：配送路线最短、所用车辆最少、作业总成本最低、服务水平最高。

步骤五 通知客户

客户服务管理部门要及时将配送计划所确定的商品送达时间、品种、规格、数量通知下订单客户，使客户按计划做好接货准备。

步骤六 确定货物配送量

根据客户的订货信息，按日统计客户所需商品的品种、规格、数量即各货物的配送总量。配送量的汇总可以按客户所在地的具体位置作系统统计，也可以按照货物的特性进行分类，如按冷冻食品、速食品、散装货物、箱装货物等货物类别进行分类汇总，以便有效安排配送运输工具和保证配送能力。

步骤七 下达配送任务

配送计划制订后，物流经理可以通过电子计算机或表格的形式及时向各配送部门下达任务，各配送部门接到配送任务后，审核库存商品的保存情况，是否能保证配送计划的完成，当数量不足或目前商品不符合配送计划要求时，要根据配送计划，立即组织进货。各配送部门还要依据计划调度运输车辆、装卸机械及相关作业班组与人员，以便按计划规定的时间、品种、规格、数量完成配送准备工作。

配送中心一般可以设置以下部门：

(1) 采购或进货管理部门。负责订货、采购、进货等作业环节的安排及相应的事务处理，同时负责对货物的验收工作。

(2) 储存管理部门。负责货物的保管、拣取、养护等作业运作与管理。

(3) 加工管理部门。负责按照要求对货物进行包装、加工。

(4) 运输部门。负责按客户要求制订合理的运输方案，将货物送交客户，同时对配送的完成进行确认。

(5) 配货部门。负责对配送货物的分拣和组配（按照客户要求或方便运输的要求）作业进行管理。

(6) 营业管理或客户服务部门。负责接收和传递客户的订货信息、送达货物的信息、处理客户投诉，受理客户的退换货请求。

(7) 财务管理部门。负责核对配送完成表单、出货表单、进货表单、库存管理表单，协调控制监督整个配送中心的货物流动，同时负责管理各种收费发票和配送收费统计、配送费用结算等工作。

(8) 退货与换货作业部门。当营业管理部门或客户服务部门接到退货信息后，退货或换货作业部门将安排车辆回收退货商品，再集中到仓库的退货处理区，重新清点整理。

步骤八　开展货物配送

理货人员按计划将各种所需的商品进行分类，标明到达地点、客户名称、配送时间、商品明细等，并按流向、流量、距离将各类商品进行配装，将发货明细表交给司机或随车送货人。配送车辆应按配送计划所确定的最优路线把客户订购的物品从制造厂、生产基地、批发商、经销商或配送中心送达客户。为了确保行车作业能按配送计划有效运行，在运送过程中要加强对运输车辆的考核与管理。物流部门的车辆按计划到达客户，还不算配送工作的完结，这是因为货物送达后和客户接货往往还会出现不协调，如客户认为所送的货物与订单要求的存在差异等，从而使配送前功尽弃。因此，要圆满地实现货物的移交，必须严格执行订单有关要求。同时，还要讲究卸货地点、卸货方式等送达服务工作，特别是在为消费者配送大件家电产品（如空调）和为工矿企业配送机电仪器设备时，有时可能还要负责设备的安装调试工作。送货人员应协助收货单位将货物卸下车，放到指定位置，并与收货人员一起清点货物，由客户在回执上签字，表明货物已送达客户。之后，配送经理即可通知财务部门进行费用结算，完成整个配送过程。

步骤九　调整配送计划

在送货过程中，如果发现计划中不合理的部分要及时进行调整，使计划更加完善。此外，外界环境的变化或人为因素的影响等都可能会使原定目标难以实现，此时，就要根据计划的实施情况进行调整或修正，保证企业目标的实现。

任务实施

一、实施工具

电脑、互联网（也可以用市区地图代替）、笔、绘图工具、单据等。

二、实施方法

1. 采用项目教学法：将配送计划制订作为一个项目，学生按照资讯——计划——实施——检查评估来完成项目，在老师指导下制订方案、实施方案、最终评估；

2. 模拟实训教学法：学生可以在物流企业或者是校内物流实训室进行，根据给定的客户地址和客户需求，制订配送计划。

三、实施步骤

步骤一：明确配送目的；
步骤二：汇总客户需求；
步骤三：整理配送要素，确定配送时间，拟订调车计划；
步骤四：制订配送计划；
步骤五：通知客户；
步骤六：确定货物配送量；
步骤七：下达配送任务；
步骤八：开展货物配送；
步骤九：调整配送计划；
步骤十：综合评价每组的配送作业计划，包括配送路径、配送车辆、送货时间等因素，向评估组（可由其他小组组长组成）汇报，评估组进行评价找出最优方案。

归纳总结

本项目主要介绍了配送总体计划基本工作内容，配送计划是在配送过程中关于配送活动的周密计划，作为一种全局性的事前方案，它对于整个配送活动具有客观上的指导性和过程上的规定性，是有效开展配送的第一步。本项目从制订配送总体计划的步骤着手，包括配送总体计划的种类、配送路线优化的目的、配送计划制订实施步骤、制订配送总体规划步骤、配送总体计划制订的内容等基本内容。

通过本项目的学习，学生可以掌握配送计划制订的实施步骤，使学生学会配送过程中总体计划作业能力；能够按要求进行节约里程法的计算，能确定合理配送路线及配送车辆承载能力；学生还能够根据配送计划的相关知识正确调整配送路线编制合理的配送总体计划；能够正确处理配送作业时发生问题和配送后的相关问题，使学生达到配送主管的基本

技能要求，使之成为合格的配送主管乃至配送经理，从而使配送过程的各环节实现最佳的协调和配合，提高配送服务水平。

思考与训练

一、配送计划应包括哪些内容?

二、配送计划如何分类的?

三、如何进行配送计划的实施?

四、制订配送总体计划的步骤有哪些?

五、甲公司要从位于S市的工厂将其生产的一种化工产品送往位于H市的客户手中。这种化工产品的包装为1000千克的包装，积载因素为1.6（重量:体积=1:1.6），货物价值为10000元/吨，每年在H市的销量约为3万吨。根据历史记录，甲公司客户的订货提前期在8~12天的范围内，订货批量一般在300吨左右，货损率要求小于0.3%，而且要求及时配送。甲公司的物流经理获得了三家物流公司报来的方案，分别是:

（一）A公司是一家公路货运企业，可以按照0.6元/吨千米的优惠费率来提供直接到H市客户的配送服务，货损率为0.1%，货损货物可以免费补运。已知S市到H市的公路运输里程为2000千米，估计需要3天的时间才可以运到。

（二）B公司是一家航运企业，可以按50元/立方米的优惠费率提供到H市的水路散货运输服务，S市工厂至散货码头的短途运输费为12元/立方米，H市码头至当地配送中心的短途运输费为16元/立方米，两地的码头费各为15元/立方米。由于中转的过程中需要多次装卸，因此整个运输时间大约为7天，货损率为0.3%，货损货物可以免费补运。B公司还可以提供H市当地的中转仓库，其仓储费率为6元/立方米/月，进出库费率总和为9.5元/立方米，产品在库的平均储存时间为5天，从中转仓库至客户的短途运输费为30元/立方米。

（三）C公司是一家综合物流服务企业，可以提供集装箱水路联运的服务，即先用汽车从甲公司的工厂将货物运至S市的集装箱码头，再用船运至H市的码头。根据以往的经验，每个20英尺集装箱可装载该种产品17吨，整个水路运输时间大约为7天，货损率为0.1%，货损货物可以免费补运。C公司可以在H市的码头提供5天的集装箱免费堆存，然后可以按照甲公司的指令，用汽车将集装箱直接从码头运至客户手中。C公司的报价为4600元/20英尺集装箱。

问题:

1. 请从成本角度评价上述三个方案的优劣。

2. 综合考虑成本、服务、管理和应急等一系列因素，你认为甲公司的物流经理应该如何设计自己的配送计划方案，为什么?

3. 对于这样一个物流外包的项目，在项目实施的过程中，甲公司的物流经理需要注意哪些监控方面的问题?

参考文献

[1] 傅桂林．物流成本管理［M］．北京：中国物资出版社，2004.

[2] 陈修齐．物流配送管理［M］．北京：电子工业出版社，2004.

[3] 王铁宁，纪任红．配送物流员［M］．北京：中国劳动社会保障出版社，2006.

[4] 蒋健．物流主管高效工作手册［M］．北京：机械工业出版社，2008.

[5] 杜学森．物流成本管理实务［M］．北京：中国劳动社会保障出版社，2006.

[6] 程淑丽．物流管理职位工作手册［M］．北京：人民邮电出版社，2007.

[7] 吴彩霞．配送管理与实务［M］．北京：中国轻工业出版社，2005.

[8] 傅桂林，袁水林．物流成本管理［M］．北京：中国物资出版社，2007.

[9] 钱芝网．配送管理实务［M］．北京：中国时代经济出版社，2007.

[10] 朱伟生．物流成本管理［M］．北京：机械工业出版社，2007.

[11] 汝宜红，宋伯慧．配送管理［M］．北京：机械工业出版社，2006.

[12] 朱凤仙，罗松涛．物流配送实务［M］．北京：清华大学出版社，2008.

[13] 李永生，郑文岭．仓储与配送管理［M］．北京：机械工业出版社，2003.

[14] 杨敏．配送中心运营管理［M］．北京：北京理工大学出版社，2007.

[15] 付伟．物流公司规范化管理工具箱［M］．北京：人民邮电出版社，2007.

[16] 王雄志．配送中心配货作业计划方法研究［D］．广州：暨南大学，2008.

[17] 汤中明．物流配送中心作业管理系统模拟［D］．武汉：武汉理工大学，2004.

[18] 李春兰．物流配送中心作业流程的统筹优化［J］．铁道运输与经济，2004.

[19] 陈斌，海军．全球配送的物资品类和配送运输［J］．国防交通工程与技术，2008.

[20] 王玲玲，覃运梅．城市直送式配送运输线路优化［J］．中国科技信息，2006.

[21] 中国物流行业岗位规范指导丛书编委会．物流企业配送作业岗位管理［M］．北京：中国海关出版社，2008.

[22] 祁洪祥．配送管理［M］．南京：东南大学出版社，2006.

[23] 深圳市职业技能训练中心．物流岗位技能手册［M］．上海：同济大学出版社，2005.

[24] 曲学军．配送中心运营与管理［M］．北京：人民交通出版社，2007.

[25] 毛艳丽．配送作业实务［M］．北京：中国物资出版社，2008.

[26] 珠海鹏．仓储与配送管理［M］．北京：科学技术出版社，2007.

[27] 朱占峰．配送中心管理实务［M］．武汉：武汉理工大学出版社，2008.

[28] 李守斌．配送作业实务［M］．北京：机械工业出版社，2008.

[29] 王金萍．物流设施与设备［M］．大连：东北财经大学出版社，2006.

[30] 蒋祖星，等．物流设施与设备［M］．北京：机械工业出版社，2004.